Kathrin Kiese

MOMENTE B1

DEUTSCH ALS FREMDSPRACHE

Intensivtrainer

PLUS AUDIOS ONLINE

Hueber Verlag

Die Hörtexte 🔊 finden Sie im Internetservice unter:
www.hueber.de/momente

3. 2. 1. | Die letzten Ziffern
2028 27 26 25 24 | bezeichnen Zahl und Jahr des Druckes.
Alle Drucke dieser Auflage können, da unverändert, nebeneinander benutzt werden.
1. Auflage

GPSR-Kontakt: Hueber Verlag GmbH & Co. KG, Baubergerstraße 30, 80992 München, kundenservice@hueber.de
Umschlaggestaltung: Sieveking Agentur, München
Layout und Satz: Sieveking Agentur, München
Verlagsredaktion: Katrin Dorhmi, Stephanie Pfeiffer, Hueber Verlag, München
Druck und Bindung: F&W Druck- und Mediencenter GmbH, Holzhauser Feld 2, 83361 Kienberg, info@fw-medien.de
Printed in Germany
ISBN 978-3-19-231793-4

Art. 530_27395_001_01

Inhalt

MODUL 1

01 **Das weiß ich noch genau!**
Erinnerungen 4

02 **Beste Freunde**
Freundschaften 7

03 **Das ist genau mein Ding!**
Beruf: Stärken und Selbstreflexion 10

E **Extra** 13

MODUL 2

04 **Morgen, morgen ...!**
Mobilität 14

05 **Wär' das etwas für dich?**
Alternatives Wohnen 17

06 **Ich war ja vorher so aufgeregt!**
Beruf: etwas Neues wagen 20

E **Extra** 23

MODUL 3

07 **Allein unterwegs**
Reisen 24

08 **„Soziales Pflichtjahr", ja oder nein?**
Engagement 27

09 **Trotzdem eine super Erfahrung!**
Beruf: Auslandserfahrung 30

E **Extra** 33

MODUL 4

10 **Wie möchte ich arbeiten?**
Beruf: Arbeitszufriedenheit 34

11 **Dinge, die den Alltag besser machen**
Alltagsgegenstände / Produkte 37

12 **Das Auge isst mit.**
Essen 40

E **Extra** 43

MODUL 5

13 **Tauben, meine Lieblingstiere!**
Tiere 44

14 **Hast du dich schon beworben?**
Beruf: Bewerbungen 47

15 **Perfekte Partnerschaft!?**
Liebe und Partnerschaft 50

E **Extra** 53

MODUL 6

16 **Zwar nervig, aber wichtig**
Banken und Versicherungen 54

17 **Wenn Wände sprechen**
Kunst 57

18 **Was ist Ihre Rolle?**
Beruf: Medizin 60

E **Extra** 63

MODUL 7

19 **Mein Zeugnis wurde anerkannt.**
Beruf: duale Berufsausbildung 64

20 **Man braucht nur kurz nachzudenken.**
Fake News 67

21 **Schule neu denken**
Schule 70

E **Extra** 73

MODUL 8

22 **Ein politisches Leben**
Beruf: Politik 74

23 **Was wäre passiert, wenn ...**
Geschichte 77

24 **Wahnsinn, wie die Zeit vergeht!**
Zeit 80

E **Extra** 83

Lösungsschlüssel 84

🔊	Hörtext
W	Wörter
G	Grammatik
K	Kommunikation

Die Hörtexte 🔊 und die Transkriptionen der Hörtexte finden Sie unter: www.hueber.de/momente

1 Zu welcher Lebensphase passt welche Aussage? Ordnen Sie zu. W

A Kindheit | B Jugend | C Erwachsene | D Alter

- (B) Tilly war meine erste große Liebe. Sie hat so süß gelächelt und hatte ein tolles rotes Kleid! Immer wenn ich rote Kleider sehe, weckt das schöne Erinnerungen. Leider hat sie einen anderen Mann geheiratet.
- ⬡ Als unsere Katze Minkie ganz neu bei uns war, hatte sie noch Angst. Mein Vater hat ihr etwas zu fressen gegeben, aber sie wollte es nicht. Aber als ich mich neben Minkie hingesetzt habe, auf den Boden, hat sie alles aufgefressen!
- ⬡ Die Gesundheit ist nicht mehr so gut, das kann ich bestätigen. Aber ich muss nicht mehr arbeiten und habe vier wunderbare Enkelkinder! Das ist doch auch nicht schlecht, oder?
- ⬡ Die Chefin hat mich sehr nett begrüßt und mich dann den Kolleginnen und Kollegen vorgestellt. Ich wusste gleich: In dieser Firma wird es mir gut gehen. Und so ist es auch – bis heute.

2 Markieren Sie und ordnen Sie zu. W

ERINNERUNGENSRTGRUKÄRGERGRUFLOPÄNDRGEFÜHLKKRST
GERUCHZYPANGERKINDHEITLSOMOLNIERLEBNISTAMENSDQER

a Meine Großmutter hat schöne *Erinnerungen* an ihren Ehemann.
b Im Urlaub hatten wir ein tolles ____________: Wir haben einen Bären gesehen!
c Meine ____________ war nicht einfach. Wir hatten sehr wenig Geld.
d Es ist ein tolles ____________, verliebt zu sein.
e Ich esse nicht gern Fisch. Ich mag den ____________ überhaupt nicht!
f Ich gehe im Moment nicht gern zur Arbeit, wir haben viel ____________ mit dem Chef.

3 Was ist richtig? Kreuzen Sie an. G

a Ich habe mich immer gefreut, ☒ wenn ⬡ als wir in der Schule Biologie hatten.
b ⬡ Als ⬡ Wenn ich an der Kasse war, habe ich gemerkt, dass ich meine Geldbörse vergessen habe.
c ⬡ Als ⬡ Wenn es am Wochenende geregnet hat, habe ich immer ein Buch gelesen.
d Ich habe Horst kennengelernt, ⬡ wenn ⬡ als ich meine Ausbildung begonnen habe.
e Mein Sohn hat ein Motorrad gekauft, ⬡ als ⬡ wenn er 16 war.
f Einmal ging mein Akku aus, ⬡ wenn ⬡ als ich einen Kunden anrufen musste.
g Immer ⬡ wenn ⬡ als wir im Urlaub waren, durfte ich jeden Tag ein Eis essen.

4 Lesen Sie den Artikel und ordnen Sie unten zu. Ein Wort passt nicht. LESEN

NUMMER 7: IN DER NATUR

KINDHEITSERINNERUNGEN

KATHARINA: Wir sind am Wochenende oft in die Schweiz gefahren und haben eine Wanderung in den Bergen gemacht. Ich liebe die Berge! Man sieht viele Pflanzen und Tiere, es riecht gut, weiter weg sind hohe Berge mit Schnee. Außerdem ist es ganz leise, nur manchmal hört man die Glocken von Kühen. Immer wenn wir ganz oben auf dem Berg waren, am Gipfelkreuz, haben wir Schokolade gegessen. Und wenn die Wanderung zu Ende war, hat mein Vater am Auto gesagt: „Oh nein! Jetzt habe ich den Schlüssel am Gipfelkreuz vergessen! Wir müssen noch mal zurück." Und ich habe es jedes Mal geglaubt. 🤭

FATIMA: Meine schönsten Erinnerungen habe ich ans Meer. Ich komme aus Ägypten und war oft bei meiner Tante in Alexandria. Alexandria ist eine große Stadt direkt am Meer.
Wenn wir am Strand waren, sind meine Cousine und ich sehr weit ins Wasser gegangen, die anderen hatten Angst, so weit zu gehen. Aber wir hatten da unseren Lieblingsplatz im Wasser. Von unserem Platz aus konnte man das Meer besonders gut hören, fühlen und riechen. Und wir konnten ganz weit sehen. Es war wunderbar. Meine Tante hat mich „Meerjungfrau" genannt, weil ich so gern im Wasser war. 😃

SORIN: Ich komme aus dem Norden von Rumänien, die Landschaft dort ist wunderbar. Meine schönste Erinnerung sind Ausflüge mit meinem Vater. Der Betrieb, in dem er gearbeitet hat, hat regelmäßig Ausflüge für die Angestellten angeboten. Manchmal hat mein Vater mich mitgenommen. Einige Kolleginnen und Kollegen haben auch ihre Kinder mitgenommen, aber nicht viele. Ich fand es schön, dass ich mit so vielen Erwachsenen einen Ausflug machen durfte. Wir sind in den Bergen wandern gegangen. Die Ausflüge waren toll. Und: Mein Bruder konnte nicht mitkommen, er war noch zu klein. 🙂

Lesen Sie nächste Woche die Kindheitserinnerungen Nr. 8: Im Zirkus

Bruder Cousine Tante Vater

a Fatima war gern mit ihrer .... im Meer.
b Sorin hat gern ohne seinen .... Ausflüge gemacht.
c Katharinas .... hat bei jeder Wanderung den gleichen Witz gemacht.

5 Lesen Sie noch einmal und kreuzen Sie an: *richtig* oder *falsch*?

		richtig	falsch
a	Katharinas Familie ist im Schnee wandern gegangen.	○	☒
b	Katharinas Eltern haben nie die Schokolade vergessen.	○	○
c	Fatimas Cousine lebt in Alexandria.	○	○
d	Der Lieblingsplatz von Fatima und ihrer Cousine war am Strand.	○	○
e	Der Betrieb hat Ausflüge für die Kinder von Angestellten organisiert.	○	○
f	Sorin hat einen jüngeren Bruder.	○	○

6 Schreiben Sie Sätze mit *wenn*. Es gibt immer zwei Möglichkeiten. G

a stelle | mich vor | ich | auf einer Party | ich | wenn | bin
Ich stelle mich vor, wenn ich auf einer Party bin.
Wenn ich auf einer Party bin, stelle ich mich vor.

b Kopfschmerzen | wenn | ich | eine Pause | ich | habe | mache

c in die Schule | beginnt | eine neue Lebensphase | kommt | wenn | meine Tochter

d nicht die Haare schneiden | wenn | nicht hinsetzt | du dich | ich | kann | dir

7 Was passt zusammen? Verbinden Sie. K

1 Hier wird ein Haus gebaut, sagt Anton.
2 Ich finde den Vortrag so langweilig!
3 Bei diesem Bäcker ist das Brot oft alt.
4 Dein Chef soll nett sein.
5 Kannst du nachts auch oft nicht einschlafen?

a Genau, das stimmt. Ich kaufe dort nicht mehr.
b Nein, das kenne ich von mir nicht.
c Das geht mir genauso, lass uns gehen.
d Was? Ich weiß nicht, ob das stimmt.
e Echt? Das kann ich nicht bestätigen.

8 Ordnen Sie zu und hören Sie dann zur Kontrolle. K

01

~~Besonders gut kann ich mich~~ | Einmal wollte ich | Ich denke nicht gern | Ich habe auch viele Erinnerungen | Aber ich hatte Glück

- Immer dieser Ärger mit der Bahn, Max! Kein Zug ist pünktlich.
- Du hast recht, Amelie. Es nervt total.
- Besonders gut kann ich mich (a) an eine Fahrt nach Wien erinnern: Der Zug hatte drei Stunden Verspätung und meine Freundin hat drei Stunden am Bahnhof gewartet.
- Schrecklich! .... (b) an solche Fahrten. .... (c) nach Hamburg fahren – zu einem Vorstellungsgespräch.
- Und der Zug kam viel zu spät?
- Der Zug kam überhaupt nicht. .... (d), weil zwei andere Leute auch ganz schnell nach Hamburg mussten. Wir haben ein Auto gemietet, das war ziemlich teuer. .... (e) an diesen Tag.
- Das kann ich verstehen!
- Ach, schau mal, Amelie: Der Zug kommt!

1 Finden Sie noch sechs Wörter und schreiben Sie mit Artikel.

G	N	D	R	D	P	B	A	Q	D	C	H
E	N	T	S	C	H	E	I	D	U	N	G
H	N	F	O	U	Q	K	H	C	I	X	W
E	V	E	R	T	R	A	U	E	N	W	A
I	A	S	Q	S	O	N	B	R	H	I	H
M	T	Y	P	D	K	N	U	C	T	U	R
N	L	U	F	Q	N	T	H	X	B	N	H
I	G	W	P	S	L	E	F	T	N	V	E
S	F	J	L	D	U	P	D	J	H	E	I
Z	W	E	I	F	E	L	V	P	Y	F	T

der Typ
......
......
......
......
......
......

2 Was passt zusammen? Verbinden Sie.

1 spüren — a verstehen, dass etwas wichtig ist
2 sich ergänzen — b zusammen besser sein
3 bewundern — c fühlen
4 ernst nehmen — d toll finden

3 Ideale Paare. Lesen Sie und ordnen Sie zu.

bewundert | Beziehung | Entscheidungen | ergänzen sich | Freundeskreis | gespürt | ~~Liebe~~ | nehmen ernst | Verbundenheit

www.ach-die-liebe.de

Gibt es das – ein ideales Paar?

Kann man etwas tun, damit die Liebe (a) nie endet, damit man keinen Streit hat?

Der Psychologe Dr. Breuer sagt dazu: Natürlich gibt es kein Rezept für eine ideale .... (b).

Und Streit gibt es immer mal, das ist ganz normal. Aber ich erzähle Ihnen diese Liebesgeschichte als schönes Beispiel: Linda und Jakob haben sich bei einer Party im .... (c) kennengelernt.

Sie haben lange über Kunst gesprochen. Linda ist Künstlerin und Jakob .... (d) ihre Kunst bis heute. Beide haben schnell eine große .... (e) .... (f).

Die beiden sind sehr unterschiedlich, ... (g) aber wunderbar: Jakob ist sehr spontan und plant nichts und Linda überlegt lange, wenn es um .... (h) geht.

Die beiden .... (i), welche Wünsche, Sorgen und Ziele der/die andere hat. Das ist wichtig für jede Beziehung.

4 Ergänzen Sie die Nomen und Artikel wie im Beispiel. G

a unbekannt: *der/die Unbekannte* … *ein Unbekannter / eine Unbekannte*
die Unbekannten … *Unbekannte*

b alt: …… ……

c krank: …… ……

d groß: …… ……

e freiwillig: …… ……

f gut: …… ……

5 Ergänzen Sie mit den Nomen aus Aufgabe 4 wie rechts angegeben. G

a	Ich kenne Mara nicht, sie ist für mich *eine Unbekannte*.	Nominativ feminin
b	Hast du …… an der Ampel gesehen? Er braucht Hilfe!	Akkusativ maskulin
c	Das Medikament hilft …… leider nicht.	Dativ feminin
d	Wir haben drei Kinder. Ich fahre mit …… zu meiner Mutter.	Dativ Plural
e	Das Dorffest haben ganz tolle …… organisiert.	Nominativ Plural
f	Otto hilft allen: Wir nennen ihn Otto, …….	Akkusativ maskulin

6 Schreiben Sie Sätze mit *daher*, *deshalb*, *darum* und *deswegen*. G

		Grund	Folge
a	deswegen:	Tochter krank	zu Hause bleiben
		Meine Tochter ist krank, deswegen bleibe ich zu Hause.	
b	daher:	Wetter schlecht	Regenschirm mitnehmen
c	deshalb:	Klaus Hunger	zu *BurgerLand* gehen
d	darum:	Alessias Schulzeit schön	sich gern daran erinnern
e	deswegen:	auf der Party niemanden kennen	mich vorstellen

7 Welche Reaktion passt? Kreuzen Sie an. K

a ○ Soll ich den Job wirklich kündigen?
  1 ⬡ ◻ Ich weiß nicht, ob das stimmt.
  2 ☒ ◻ Das musst du dir gut überlegen.

b ○ Ich habe bei so einem Wetter immer Kopfschmerzen.
  1 ⬡ ◻ Ich bin überzeugt, dass das richtig ist.
  2 ⬡ ◻ Das kann ich mir gut vorstellen.

c ○ Morgen hat Susanne Geburtstag, oder?
  1 ⬡ ◻ Genau, das stimmt.
  2 ⬡ ◻ Ich bin optimistisch, dass das stimmt.

d ○ Das Essen in der Kantine ist schlecht, sagt Cem.
  1 ⬡ ◻ Das müssen wir uns wirklich gut überlegen.
  2 ⬡ ◻ Ja, aber man darf auch nicht vergessen, dass er früher Koch war.

e ○ Oh Mann, ich finde die Party so langweilig. Lass uns gehen!
  1 ⬡ ◻ Ich hab' da so meine Zweifel.
  2 ⬡ ◻ Versteh mich nicht falsch, aber das sagst du immer.

8 Hören Sie die Dialoge aus Aufgabe 7 und sprechen Sie die Rolle von ◻. K

02

9 Was passt zu wem? Schreiben Sie L (Luise), K (Klaus) oder B (beide). HÖREN

03

a B Es ist wichtig, dass man gut miteinander reden kann.
b ___ Er/Sie hat mir in Mathe geholfen.
c ___ Ich finde es wichtig, dass man sich hilft.
d ___ Ein Jahr lang war ich sauer.
e ___ Ich wollte Lehrer/Lehrerin werden.
f ___ Ich habe Englisch studiert.
g ___ Ich habe nach dem Studium geheiratet.
h ___ Das Leben mit kleinen Kindern ist anders.
i ___ Ich lebe jetzt allein.

10 Hören Sie noch einmal und kreuzen Sie an: *richtig* oder *falsch*?

03

		richtig	falsch
a	Luise und Klaus haben sich in der Schule kennengelernt.	☒	⬡
b	Klaus hat Luise bei Streit mit ihrem Bruder geholfen.	⬡	⬡
c	Als Teenager hatten Luise und Klaus einen Konflikt.	⬡	⬡
d	Luise und Klaus hatten den gleichen Freundeskreis.	⬡	⬡
e	Klaus hat Marianne geheiratet.	⬡	⬡
f	Die Familien von Luise und Klaus haben sich auch getroffen.	⬡	⬡
g	Luise und Klaus waren auch Kollegen.	⬡	⬡
h	Luise und Klaus unternehmen als Rentner viel miteinander.	⬡	⬡

1 Persönliche Stärken. Ergänzen Sie die fehlenden Buchstaben.

a p ü n k t l i c h

b f _ _ _ _ _ _

c _ d _ _ _ _ _ _

d _ _ _ _ r _ _ _ _ _ _

e _ f _ _ _ _ _ _ _

f _ _ _ _ _ b _ _ _ _

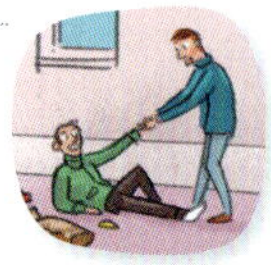

g _ r _ _ _ _ _ _ _ _

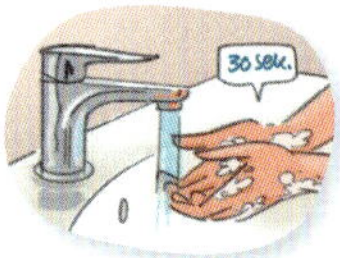

h t _ _ _ _ _ _ _ _

2 Wie heißen die Wörter? Schreiben Sie.

a llaftoN Notfall

b verentrauSelbst

c musrisTou

d rehörinZu

e igNeukeit

f hangZumensam

g ekrätS

h ekceD

3 Ergänzen Sie die Verben in der richtigen Form.

drücken ergänzen rechnen stoßen umgehen vereinbaren vertrauen ~~vorstellen~~

Markus Hallo Sanne! Tim und ich möchten unser Projekt der Agentur X-dam vorstellen (a). Für nächsten Donnerstag haben wir mit ihnen einen Termin ______ (b).

Sanne Und jetzt bist du nervös? 😉

Markus Ehrlich gesagt: ja, sehr.

Sanne Das ist doch total normal. Also, denkt an eure Stärken, ______ (c) euren Fähigkeiten! Ihr seid verschieden, aber ihr ______ (d) euch super. Außerdem kannst du gut mit Menschen ______ (e), bist sympathisch.

Markus Ich habe Angst, dass die von uns schon jetzt alle Kosten wissen möchten.

Sanne Kann gut sein, ihr müsst natürlich vorher genau ______ (f). Aber mach dir nicht zu viele Sorgen. Und schau mal, ich bin auf eine interessante Webseite ______ (g): www.meinprojekt.biz/kalkulation

Markus Das klingt gut, danke!

Sanne Ihr schafft das. Ich ______ (h) fest die Daumen!

4 Was ist richtig? Kreuzen Sie an. G

		Komparativ	Superlativ
a	das ☒ teure / ○ teuere Auto	das teurere Auto	das ☒ teuerste / ○ teuere Auto
b	mein alter Hut	mein ○ älterer / ○ älter Hut	mein ○ älterste / ○ ältester Hut
c	moderne Möbel	○ moderneren / ○ modernere Möbel	die ○ modernst / ○ modernsten Möbel
d	die gemütliche Küche	die ○ gemütlichere / ○ gemütlicher Küche	die ○ gemütlicherste / ○ gemütlichste Küche
e	der gesunde Sport	der ○ gesündere / ○ gesundere Sport	der ○ gesundeste / ○ gesündeste Sport
f	die ○ sauberen / ○ saubere Teller	die ○ saubereren / ○ sauberere Teller	die saubersten Teller
g	ein schlechter Roman	ein ○ schlechteren / ○ schlechterer Roman	der ○ schlechteste / ○ am schlechtesten Roman

5

Hey Leute! Sagt mal, wie ist das eigentlich in euren Familien? Gibt es da auch Superlative? Bei uns ist es so: Mein Vater ist ein besser*er* (*Nominativ*) (a) Koch als die Eltern aller meiner Freunde. Die kommen deshalb gern zu uns zum lecker*sten* (*Dativ*) (b) Abendessen der Stadt. 😋

Meine Schwester ist total sportlich, aber mein jüng______ (______) (c) Bruder ist noch erfolgreicher: Er gewinnt mit seinem Team jedes Jahr die wichtig______ (______) (d) Basketball-Meisterschaften.

Meine Eltern beschweren sich oft, dass wir so chaotisch sind. Chaotisch______ (______) (e) Kinder als uns hat niemand in ihrem Freundeskreis, sagen sie. Mit meinem best______ (______) (f) Freund räume ich manchmal mein Zimmer auf, er ist ein ordentlich______ (______) (g) Typ als ich. 😉

Und Mama?

Sie hat die lustig______ (______) (h) Ideen und hört cool______ (______) (i) Musik als meine Freunde, zum Beispiel die neu______ (______) (j) Songs von *MacTrixi*! 😃

Wie ist das bei euch? Ich freue mich auf eure Kommentare!

Ciao, euer Tom

6 Welche Person aus Aufgabe 5 finden Sie am interessantesten? Warum? SCHREIBEN

Ich finde ______ *am interessantesten.*

7 **Beschreiben Sie nun eine Person aus Ihrer Familie / Ihrem Freundeskreis.**

8 **Wer sagt was? Anna (A), Jörn (J) oder beide (B)?** K HÖREN

04

Die *Loton Biotech GmbH* sucht Mitarbeiter (m/w/d)

LB GmbH

Sie sind Biologe (m/w/d) mit Berufserfahrung?

Sie sind gut organisiert, zuverlässig und gründlich?
Sie arbeiten gern im Team?
Sie können auch komplizierte Projekte planen?
Management-Aufgaben interessieren Sie?

Dann kommen Sie zu uns!

Das bieten wir:
eine spannende Tätigkeit in einem internationalen Unternehmen

Möglichkeit zur Arbeit im Homeoffice

Gehalt: 73.600 € p. a.

a A Das finde ich langweilig.
b ... Er ist voll mein Ding.
c ... Das ist nichts für mich.
d ... Ich kann gut mit Menschen umgehen.
e ... Vielleicht wäre das was für dich?
f ... Damit kann ich gar nichts anfangen.
g ... Management interessiert mich nicht.
h ... Ja, stimmt, das liegt dir.
i ... Du hast Biologie studiert.

9 **Hören Sie noch einmal und korrigieren Sie die markierten Wörter.**

04

a ~~Jörn~~ hat eine Stellenanzeige gefunden. Anna
b Jörn möchte gern im Homeoffice arbeiten. ...
c Anna findet das Gehalt bei *Loton Biotech* okay. ...
d Anna findet eine Arbeit im Management interessant. ...
e Anna möchte im Umweltschutz arbeiten. ...
f Jörn schlägt vor, dass sie Pizza backen. ...

Quiz: Superlative aus Deutschland, Österreich und der Schweiz

Lesen Sie die Fragen und kreuzen Sie an.

Drei Länder, eine Sprache:
Wie gut kennen Sie Deutschland, Österreich und die Schweiz?

1 Der kälteste Tag in Deutschland war 1929 in Wolnzach/Oberbayern. Es hatte ...
- **a** ◯ –28,3 °C.
- **b** ◯ –37,8 °C.
- **c** ◯ –42,9 °C.

2 Die älteste Zeitung der Welt gibt es seit 1703 (seit 2023 nur noch online). Sie kommt aus ...
- **a** ◯ Wien.
- **b** ◯ Frankfurt am Main.
- **c** ◯ Zürich.

3 In den USA, Frankreich und Großbritannien haben bis 1945 Tauben für das Militär gearbeitet. In der Schweiz gab es sie bis ...
- **a** ◯ 1920.
- **b** ◯ 1972.
- **c** ◯ 1994.

4 In mehr als 300 Sprachen hat man das berühmte Weihnachtslied „Stille Nacht" aus dem Jahr 1818 übersetzt. Es kommt aus der Nähe von ...
- **a** ◯ St. Gallen (Schweiz).
- **b** ◯ Salzburg (Österreich).
- **c** ◯ Dresden (Deutschland).

5 Die am meisten genutzte Buslinie in Deutschland und in Europa ist zurzeit die ...
- **a** ◯ Linie 100 in Berlin.
- **b** ◯ Linie 54 in München.
- **c** ◯ Linie 5 in Hamburg.

6 Der höchste Kirchturm der Welt ist 161,53 Meter hoch. Er gehört zum ...
- **a** ◯ Grossmünster in Zürich.
- **b** ◯ Stephansdom in Wien.
- **c** ◯ Ulmer Münster.

7 Seit dem Jahr 2000 wird hier auf 1.625 Metern Bier produziert. Die Bierbrauerei ist ...
- **a** ◯ im Kanton Graubünden/Grison (Schweiz).
- **b** ◯ im Bundesland Bayern (Deutschland).
- **c** ◯ im Bundesland Tirol (Österreich).

8 In Deutschland dauert es manchmal sehr lange, bis ein Gebäude gebaut ist. Beim Kölner Dom waren es ...
- **a** ◯ 281 Jahre.
- **b** ◯ 632 Jahre.
- **c** ◯ 920 Jahre.

1 Finden Sie noch sieben Wörter und ordnen Sie zu.

VORSATZVDGKUANSTRENGENFEXGETRGEWOHNHEITHELLMAVERHALTENTREPLOND
AUSDAUERAVARLIOGEWÖHNENANENKLIWILOWIEDERHOLENÖFQAPRYZBEWEGEN

a das Verhalten ändern

b sich ……

c etwas ……

d sich an etwas ……

e sich ……

f …… haben

g eine …… haben

h einen …… haben

2 Ergänzen Sie die Wörter aus Aufgabe 1.

a Es ist oft schwer, sein Verhalten zu ändern.
b Wenn du Rückenschmerzen hast, solltest du dich mehr …… .
c Für das neue Jahr habe ich den ……, weniger Auto zu fahren.
d Wenn man eine Sprache lernt, muss man neue Wörter oft …… .
e Bei der Prüfung muss ich mich wirklich …… !
f Finn hat viel ……: Er läuft sogar Marathon!
g Ich rauche. Das ist eine schlechte …… .
h An veganes Essen kann Maryam sich echt nicht …… .

3 Verrückte Nachrichten! Lesen Sie und ordnen Sie zu.

~~Studie~~ Aussage Energie E-Bike Gemeinde Bürgerin Bürger Gehirn Durchschnitt

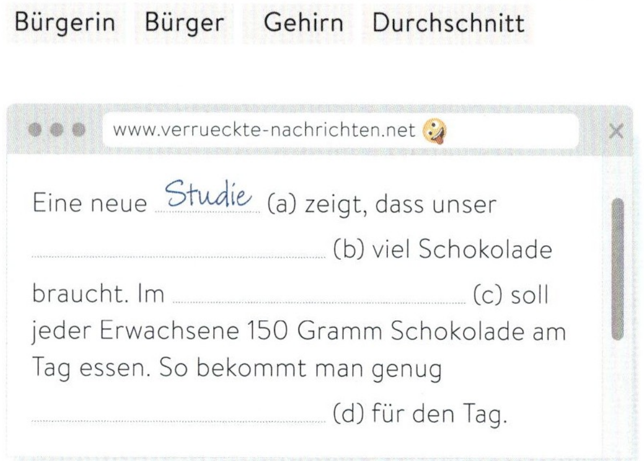
www.verrueckte-nachrichten.net

Eine neue Studie (a) zeigt, dass unser …… (b) viel Schokolade braucht. Im …… (c) soll jeder Erwachsene 150 Gramm Schokolade am Tag essen. So bekommt man genug …… (d) für den Tag.

www.verrueckte-nachrichten.net

Die …… (e) Plundern hat entschieden, dass jede …… (f) und jeder …… (g) über 65 Jahre ein kostenloses …… (h) bekommt. Gerade für ältere Menschen sind diese oft zu teuer. Für das Projekt „Plundern bewegt sich" sind nach …… (i) des zuständigen Rathaus-Teams 128.400,00 Euro geplant.

4 *Trotzdem* oder *deshalb*? Kreuzen Sie an. G W

a Ich hatte schon viele Fahrrad-Unfälle, ☒ trotzdem ◯ deshalb fahre ich weiter Rad.
b Meine Pfanne ist kaputt, ◯ trotzdem ◯ deshalb kaufe ich eine neue.
c Bertrand möchte viel Zeit mit seinen Kindern verbringen, ◯ trotzdem ◯ deshalb arbeitet er in Teilzeit.
d Halil möchte sich mehr bewegen, ◯ trotzdem ◯ deshalb fährt er mit dem Auto zur Arbeit.
e Ich habe mich so angestrengt und es ◯ trotzdem ◯ deshalb nicht geschafft, das ist furchtbar.
f Das ist ein interessantes Thema, ◯ trotzdem ◯ deshalb möchte ich mehr darüber lesen.

5 Ist die Person gleich? Markieren Sie im Nebensatz und schreiben Sie. G

a Buchen Sie früh Ihren Urlaub, damit (Sie) günstig reisen können. gleich
b Ich kaufe Ludwig ein Geschenk, damit (er) sich freut. nicht gleich
c Jeden Tag geht Sally joggen, damit sie ihre Ausdauer trainiert. ....
d Miro kauft eine Brille, damit er besser sieht. ....
e Kannst du bitte Eier kaufen, damit ich den Kuchen backen kann? ....
f Sumaya und Farzad gehen in den Kurs, damit sie Deutsch lernen. ....
g Ich laufe schneller, damit ich den Zug nicht verpasse. ....
h Wir haben mit dem Chef gesprochen, damit er uns mehr Lohn zahlt. ....

6 Welche Sätze aus Aufgabe 5 kann man auch mit *um ... zu* schreiben? G

a Buchen Sie früh Ihren Urlaub, um günstig reisen zu können.

....

....

....

....

7 An der Uni. Sortieren Sie das Gespräch und hören Sie zur Kontrolle. K

05

(1) Wir kommen zum Thema „Kinofilme der 60er-Jahre". Giulia und Tristan, Sie erzählen uns heute etwas über Filmmusik.

◯ Er hat die Musik zu über 500 Filmen geschrieben und einige Preise gewonnen. Ihr kennt bestimmt alle ...

(5) Vielen Dank für die Aufmerksamkeit!

◯ Das ist eine interessante Frage. Also, natürlich gefällt es uns sehr gut. Aber man kann an diesem Lied auch sehr gut erkennen, wie Morricone ...

◯ Guten Tag Frau Professorin, hallo liebe Mitstudierende! Wir möchten vor allem über Ennio Morricone sprechen.

◯ ... denn das ist sehr typisch für Filme in dieser Zeit. Wir kommen zum Schluss. Ihr hört jetzt noch einen Song aus einem Film, über den wir am Ende gesprochen haben.

◯ Vielen Dank für Ihre schöne Präsentation! Gibt es noch Fragen oder Anmerkungen? Nein? Aber ich habe noch eine Frage. Ich würde gern wissen, warum Sie genau dieses Lied gewählt haben. Es gibt ja berühmtere Musikstücke von Morricone.

8 Welche Bilder passen zu wem? Hören Sie und ordnen Sie zu.

06 HÖREN

Frau Berner · Philipp · Moderator · Frau Scholl

A

Frau Scholl

B

C

D

E

F

9 Hören Sie noch einmal: *richtig*, *falsch* oder *keine Information*?

06

		richtig	falsch	keine Information
a	Der Moderator hat Gäste in sein Studio eingeladen.	○	☒	○
b	Die Sendung gibt es jedes Jahr.	○	○	○
c	Der Moderator hat einen Sprachkurs gemacht.	○	○	○
d	Frau Berner hat jedes Jahr einen anderen Vorsatz.	○	○	○
e	Philipp trainiert sehr oft im Sportverein.	○	○	○
f	Philipp spielt jeden Abend Handyspiele.	○	○	○
g	Der Moderator hat Frau Scholl angesprochen.	○	○	○
h	Frau Scholl war früher verheiratet.	○	○	○
i	Wenn Frau Scholl arbeitet, kommt Lotus mit.	○	○	○
j	Frau Scholl hat in diesem Jahr keine Schuhe gekauft.	○	○	○
k	Nach der Sendung rufen viele Zuhörer an.	○	○	○

1 Finden Sie noch zehn Tiere und schreiben Sie mit Artikel. W

G	I	R	A	F	F	E	D	G	V	S
P	T	F	L	I	E	G	E	O	Ö	C
L	F	H	O	G	Q	K	H	L	I	H
Ö	A	M	Ü	C	K	E	M	D	C	I
W	B	E	Q	R	O	N	B	F	H	L
E	C	E	P	A	K	N	U	I	H	D
E	L	N	F	F	N	T	H	S	A	K
T	J	T	R	F	P	E	K	C	S	R
S	X	E	W	E	U	P	D	H	E	Ö
K	R	O	K	O	D	I	L	P	Y	T
K	S	C	H	W	E	I	N	J	L	E

die Giraffe

……………

……………

……………

……………

……………

……………

……………

……………

……………

……………

2 Ergänzen Sie die fehlenden Buchstaben und lösen Sie das Dominorätsel. W

… … k-
… ta … t

… an-
… i … …

… e … t-
… l … … z

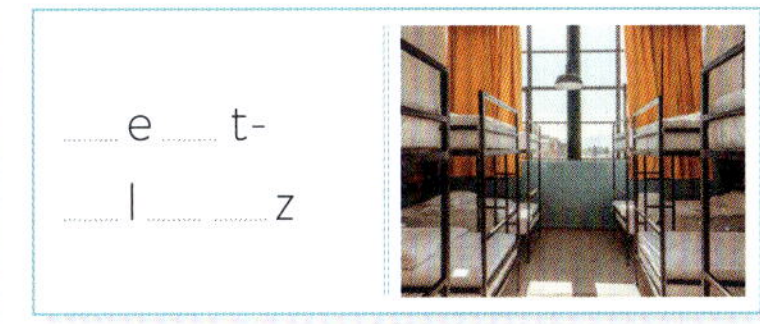

G … … e … … -
… … … … f … s -
k … … … …

… ib … i … -
… h … …

… er … … mm -
… u … … … -
… … … m

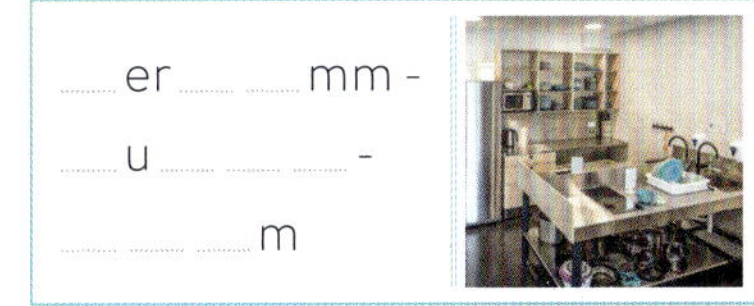

… o … f -
… a … … n

W a s c h -
k ü c h e

… chl … … -
s … … …

3 Verbinden Sie und ergänzen Sie den Artikel des zusammengesetzten Nomens. W G

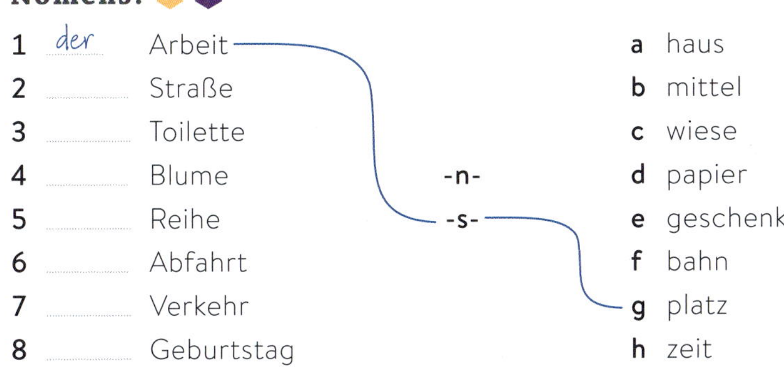

1	der	Arbeit		a	haus
2	…	Straße		b	mittel
3	…	Toilette		c	wiese
4	…	Blume	-n-	d	papier
5	…	Reihe	-s-	e	geschenk
6	…	Abfahrt		f	bahn
7	…	Verkehr		g	platz
8	…	Geburtstag		h	zeit

4 Was ist richtig? Kreuzen Sie an. G

a Wenn ich einen anderen Chef ☒ hätte ○ habe , würde die Arbeit mehr Spaß machen.
b Du ○ solltest ○ sollst dich mehr bewegen, dann ○ bist ○ wärst du nicht so müde.
c Mein Bruder ○ hätte ○ hat gern eine Freundin, er ist schon so lange allein.
d Wir ○ konnten ○ könnten am Wochenende zusammen grillen, was meint ihr?
e Wenn wir ins Restaurant gehen würden, ○ müsst ○ müsstet ihr nicht kochen.
f Ihr ○ könntet ○ konntet zu mir kommen, das ○ wird ○ würde mich freuen.
g Sie ○ soll ○ sollte mit dem Fahrrad fahren, das würde schneller gehen.

5 Was trifft auf die Sätze aus Aufgabe 4 zu? Kreuzen Sie an. G

	a	b	c	d	e	f	g
Wunsch	☒	○	○	○	○	○	○
Vorschlag	○	○	○	○	○	○	○
Ratschlag	○	○	○	○	○	○	○

6 Schreiben Sie *wenn*-Sätze im Konjunktiv II. Die Bedeutung ändert sich! G

a Ich gehe schwimmen. Mir ist heiß.
Ich würde schwimmen gehen, wenn mir heiß wäre. (Mir ist aber nicht heiß.)
b Sie zieht nach Wien um. Sie hat dort einen Job.
.... (Sie hat aber keinen Job.)
c Ihr könnt abends Musik hören. Sie ist leise.
.... (Die Musik ist aber nicht leise.)
d Du hast mehr Geld. Du kaufst weniger Kleidung.
.... (Das tust du aber nicht.)
e Du musst diese Ausstellung sehen. Du liebst Kunst.
.... (Du liebst sie aber nicht.)
f Ich arbeite. Ich habe Lust.
.... (Ich habe aber keine Lust.)

7 Ein neues Haustier. Ordnen Sie zu. K

wäre genau das Richtige für uns | auf gar keinen Fall | geht gar nicht | mich wäre das nichts | ~~finde das super~~

- ▫ Ich hätte gern wieder ein Haustier, Fanny.
- ○ Warum nicht, Robin? Ich finde das super ! (a)
- ▫ Vielleicht kaufen wir einen Löwen? Wir haben doch einen schönen großen Garten.
- ○ Wie bitte? Wir müssten jeden Tag sehr viel Fleisch kaufen. Und wo soll der Löwe wohnen? Nein, das .... ! (b)
- ▫ Du hast ja recht. Aber ein Affe wäre toll! Er würde über die Möbel springen und auf das Regal klettern. Das wäre doch lustig.
- ○ Ein Affe? Nein, ... ! (c) Er würde alles kaputt machen. Du bist wirklich verrückt!
- ▫ Und ein Goldfisch, Fanny? Wenn wir einen Goldfisch hätten, würde er uns gar nicht stören.
- ○ Hm. Das stimmt schon, aber ein Goldfisch ist langweilig. Für .... (d)
- ▫ Jetzt habe ich nur noch eine Idee: eine Katze! Sie würde am Abend mit uns auf dem Sofa liegen. Das wäre gemütlich.
- ○ Die Idee finde ich super! Eine Katze, das .... (e)

8 Hören Sie das Gespräch aus Aufgabe 7 und sprechen Sie die Rolle von ◻. K

07

9 Alternativ Wohnen. Lesen Sie den Text und kreuzen Sie an. LESEN

Der Text ist ○ ein Info-Flyer. ○ ein Artikel in einer Zeitschrift. ○ ein Interview.

WOHNPROJEKTE FÜR SENIOREN IN KROLENDORF

Viele Studierende leben in Wohngemeinschaften (WGs). Warum nicht auch Senioren? In unserem Wohnprojekt „Zusammen im Alter" gibt es zwei verschiedene Angebote: Seniorenwohngemeinschaften und Seniorenhausgemeinschaften.

Seniorenwohngemeinschaften

Hier leben die Bewohnerinnen und Bewohner zusammen in einer Wohnung oder einem Haus. Natürlich hat jede und jeder ein eigenes Zimmer – Küche und Bad werden gemeinsam benutzt. Außerdem gibt es einen großen Garten und Gemeinschaftsräume: ein gemütliches Wohnzimmer, eine Bibliothek und einen kleinen Sportraum.

Ingeborg (68 Jahre): *Nach einem Unfall konnte ich nicht mehr allein leben. Ich hatte ständig Angst. Und meine Tochter lebt mit ihrer Familie in Australien, sie kann mir nicht helfen. Seit ich in der Wohngemeinschaft wohne, geht es mir super. Wir kochen zusammen, helfen uns – jeder hat ja seine eigenen Probleme. Und jeden Mittwoch kommt ein Arzt, so muss ich nicht mit dem Bus in die Stadt fahren, wenn ich krank bin.*

Ludwig (84 Jahre): *Als vor drei Jahren meine Frau gestorben ist, habe ich mich sehr einsam gefühlt. Wenn man 60 Jahre verheiratet war und nie allein gelebt hat, ist es schrecklich, plötzlich allein zu sein. Eine Bekannte hat mir von dem Wohnprojekt erzählt. Ich war erstmal für drei Wochen als Gast hier. Und es war toll! Mit meinem neuen Freund Klaus arbeite ich viel im Garten und abends gehen wir mit unserer Mitbewohnerin Ingeborg oft noch spazieren. Hier fühle ich mich richtig wohl!*

Seniorenhausgemeinschaften

10 Lesen Sie noch einmal und kreuzen Sie an: *richtig* oder *falsch*?

		richtig	falsch
a	Jede Bewohnerin / Jeder Bewohner hat ein eigenes Bad.	○	☒
b	Man kann in der WG Sport machen.	○	○
c	Ingeborgs Tochter wohnt nicht in Krolendorf.	○	○
d	Ingeborg muss jede Woche zum Arzt.	○	○
e	Ludwig und Ingeborg kennen sich.	○	○
f	Ludwig lebt mit seiner Frau in der WG.	○	○
g	Ludwig mag die Gartenarbeit.	○	○
h	Klaus ist manchmal zu Besuch in der WG.	○	○
i	Ludwig und Ingeborg leben gern in der WG.	○	○

1 Ergänzen Sie wie im Beispiel. Achtung: Nicht alle Verben passen. W

abrunden bekommen bewerten eingehen planen sammeln sein studieren ~~umsetzen~~ verwirklichen wagen

a eine Idee umsetzen

b etwas Neues ....

c Erfahrungen ....

d ein Projekt ....

e einen Traum ....

f einen Auftrag ....

g ein Risiko ....

2 Wie heißen die Wörter? Schreiben Sie und ergänzen Sie den Artikel. W

a cherSiheit die Sicherheit
b Genisfäng ....
c schaftsenWis ....
d danGeke ....
e stärVerkung ....
f tigTäkeit ....
g rungforAnde ....
h schriftVor ....

3 Was ist richtig? Kreuzen Sie an. G

a Meryem möchte freiberuflich arbeiten, ☒ obwohl ○ trotzdem sie ein bisschen Angst davor hat.
b Matthieu hat einen super Uni-Abschluss, ○ obwohl ○ trotzdem hat er keine Stelle in der Wissenschaft gefunden.
c Ich bekomme viele Aufträge, ○ obwohl ○ trotzdem ich keine eigene Website habe.
d Ich jogge jede Woche 10 Kilometer, ○ obwohl ○ trotzdem ich schon 80 bin.
e Viele Menschen haben den Film gesehen, ○ obwohl ○ trotzdem er nicht besonders gut war.
f Das Kind soll ein Buch lesen, ○ obwohl ○ trotzdem spielt es nur Computerspiele.
g Manche Menschen leben auf dem Land, ○ obwohl ○ trotzdem sie lieber in der Stadt wohnen würden.
h Ich esse keinen Fisch, ○ obwohl ○ trotzdem angle ich gern.

4 *Trotzdem* oder *obwohl*? Verbinden Sie die Sätze. G

1 Mein Job ist unerträglich, — d
2 Ich putze meine Wohnung,
3 Sie hat keinen Hunger,
4 Wir haben den Auftrag bekommen,
5 Sie hat großen Hunger,
6 Ich war letzte Woche klettern,
7 Wir haben keinen Auftrag bekommen,
8 Ich mag meinen Job,
9 Ich putze meine Wohnung selten,

a obwohl ich große Angst hatte.
b trotzdem isst sie nichts.
c obwohl sie noch nichts gegessen hat.
d trotzdem habe ich noch nicht gekündigt.
e obwohl ich nicht gut verdiene.
f obwohl sich sehr viele Firmen beworben haben.
g trotzdem ist sie nicht schmutzig.
h obwohl sie gar nicht schmutzig ist.
i trotzdem wollen wir weitermachen.

5 Schreiben Sie die Sätze mit *trotzdem* und *obwohl*. G

a er | eine Pause | macht | er | zu tun | viel | hat

Er hat viel zu tun, trotzdem macht er eine Pause.

Er macht eine Pause, obwohl er viel zu tun hat.

b es | schon spät | ist | arbeitet | sie | weiter

c ist | dort | es | laut | ich | in die Hauptstadt | ziehe

d Lykka | liebt | die Freiheit | sie | gern | arbeitet | fest angestellt

6 Über welches Thema spricht Matylda heute? HÖREN

08

○ Sie gibt Tipps für Berufsanfänger.
○ Sie beschreibt einen Beruf.
○ Sie erklärt deutsche Grammatik.

7 Hören Sie noch einmal und sortieren Sie die Abschnitte.

08

⬡ Studium
⬡ Arbeit an einer Grundschule
⬡ Idee einer Freundin
⬡ Arbeit an Sprachschulen
⬡ Podcast-Thema morgen

⬡ 1 persönliche Voraussetzung
⬡ Situation heute

8 Hören Sie noch einmal und korrigieren Sie die markierten Stellen.

08

a Matylda hat als DaF-Lehrerin ~~viel~~ Geld verdient. wenig

b Matylda hat Spanisch und Englisch studiert. ....

c An Sprachschulen arbeitet man oft fest angestellt. ....

d Ihren Job fand Matylda doof. ....

e Die Arbeit an der Grundschule war langweilig. ....

f Matylda sagt, dass niemand Grammatik mag. ....

g Matylda war zuversichtlich, dass es mit dem Podcast klappt. ....

h Sie hat im Moment keine Kurse. ....

9 Das Café. Schreiben Sie Sätze. Achten Sie auf die Satzzeichen! K

- Hallo Matthias, wie geht's dir so?
- Ach, es ist wie bei unserem letzten Treffen: Mein Job nervt und ich möchte kündigen.
- Ich kann gut verstehen (a) (gut | kann | verstehen | Ich), dass du kündigen möchtest, die Firma macht keine interessanten Projekte mehr. Aber wo willst du dann arbeiten?
- Also, ... (b) (ich | nicht | sicher | klappt | ob | das | bin | mir), aber ich würde gern ein Café eröffnen.
- Wie bitte? .... (c) (das | dass | Ich | bezweifle | gute Idee | eine | ist), Matthias!
- Warum nicht, Julia? .... (d) (ziemlich | Ich | bin | sicher | gelingen | es | wird | dass), denn so viele Leute lieben Cafés und arbeiten sogar dort! Für diese Leute soll mein Café ein schönes Büro sein.
- Du denkst also an eine Art Homeoffice-Café?
- Genau! Mein Freund Arik würde mitmachen, und .... (e) (zuversichtlich | auch | ist | er), dass wir Erfolg haben.
- Na ja. .... (f) (sehen | auch | muss | Man), dass das alles viel kostet! Es ist schön, wenn ihr mit dem Café später Geld verdient, aber wie wollt ihr das am Anfang bezahlen? Die Miete, die Möbel und das alles. .... (g) (kaum | ist | möglich | denke | Ich | dass | es), das zu schaffen.
- Na klar, das wird nicht einfach. Ich war auch noch nie selbstständig. Aber wir schaffen das, da bin ich sicher!
- Ich wünsche dir viel Glück, Matthias!

1 Leos Blog

a Lesen Sie den Blog und ordnen Sie die Fotos den Personen zu.

www.leos-welt.online

Wenn das Wörtchen *wenn* nicht wär', wär' mein Vater Millionär.

So sagt man im Deutschen, wenn jemand einen Wunsch hat, den er oder sie nur schwer realisieren kann. Man sagt das nicht nur bei Geld, sondern für ganz unterschiedliche Wünsche. Ich habe Leute aus meinem Freundeskreis gefragt, was sie machen würden, wenn das Wörtchen *wenn* nicht wär'.

⬡ Sonila Wenn das Wörtchen *wenn* nicht wär', würde ich auf einem Bauernhof leben. Ich liebe Tiere, Pflanzen, die Natur. Im Urlaub fahre ich jedes Jahr auf einen kleinen Bauernhof im Münsterland. Am liebsten hätte ich Bienen. Die sind total wichtig für die Natur, und ich könnte meinen eigenen Honig machen. Aber ich habe ein Geschäft in Köln, das ist mir auch wichtig.

⬡ Arvo Wenn das Wörtchen *wenn* nicht wär', dann wäre ich Basketball-Profi. Ich spiele Basketball, seit ich fünf Jahre alt bin. Mein Trainer hat immer wieder gesagt, dass ich sehr, sehr gut bin. Aber als ich größer wurde, war klar, dass ich zu klein bin. Ein Basketballer sollte groß sein. Na ja, ich studiere jetzt und werde Anwalt. Aber ich spiele immer noch Basketball in einem Verein.

⬡ Pia Wenn das Wörtchen *wenn* nicht wär', wäre mein Papa Millionär. Er hätte dann soooo viel Geld und wir könnten uns ein Schloss kaufen. Ich müsste nie mehr mein Zimmer aufräumen, weil ich ja immer in ein anderes Zimmer umziehen könnte. Vielleicht müsste ich dann nicht mehr in die Schule gehen? Aber ich glaube, das wäre langweilig. Außerdem würde ich meine Freundin nicht mehr sehen.

b Lesen Sie noch einmal und kreuzen Sie an: *richtig*, *falsch* oder *keine Information*?

	richtig	falsch	keine Information
1 In dem Blog-Beitrag geht es um Millionäre.	⬡	☒	⬡
2 Leo ist Millionär.	⬡	⬡	⬡
3 Sonila würde gern auf dem Land leben.	⬡	⬡	⬡
4 Arvo hat schon als Kind Basketball gespielt.	⬡	⬡	⬡
5 Arvo ist Anwalt.	⬡	⬡	⬡
6 Pia lebt jetzt in einer Wohnung.	⬡	⬡	⬡
7 Pia möchte nicht mehr in die Schule gehen.	⬡	⬡	⬡

2 Und was würden Sie machen, wenn das Wörtchen *wenn* nicht wär'? Schreiben Sie.

Wenn das Wörtchen wenn nicht wär', ...

....

....

....

....

....

1 Reisen. Ergänzen Sie die fehlenden Buchstaben. W

a der Reise-führer

b die U.......... -
....

c die E.......... -
....

d das S.......... -
....

e die Ü.......... -
....

f das A.......... -
....

g der T..........

h die R.......... -
.... -
....

2 Was bedeuten diese Wörter? Kreuzen Sie an. W G

a Ein Männchen
1 ◯ ist ein kleiner Mann.
2 ◯ machen Hunde manchmal.

b Ein Frauchen
1 ◯ ist die Besitzerin eines Hundes.
2 ◯ ist ein weiblicher Teenager.

c Ein Herrchen
1 ◯ nennt man einen dummen Chef.
2 ◯ ist der Besitzer eines Hundes.

3 Ergänzen Sie die Endungen. G

Biete

a Onur Yildiz: Leckere Pizza bei neu...... Lieferservice für nur 11,90 €! Kontakt

b Familie Ludwig: Wunderbar...... Entspannung im Hotel „Sonne" hotel-sonne-mernburg.de

c Flohmarkt am Neu...... Markt: gebraucht...... Möbel und alt...... Geschirr Stadt Mernburg

d Boutique Susi: toll...... Kleidung für alle! Tel. 88 40 35 21

e Groß...... Sehenswürdigkeiten in klein...... Land: Litauen-Reisen Reisebüro Mayer

Suche

f Daniel F.: gut...... Restaurant für beruflich...... Termin Kontakt

g Suche fleißig...... Mitarbeiterin für mein Café! Claudine, Tel. 85 32 30 14

h Bunt...... Sofa für neu...... Wohnung gesucht Kontakt

i Lana T.: gebraucht...... Auto mit stark...... Motor Kontakt

4 Lesen Sie den Beitrag und ordnen Sie zu. K

Besonders gefällt mir, dass | Es könnte nicht schöner sein! | fand ich ziemlich enttäuschend. | Ich habe bemerkt, dass | Ich habe mich dort sehr wohlgefühlt. | nur gute Erfahrungen gemacht. | ~~Sie fühlen sich nicht so wohl~~

www.reiseforum-highlights.de

UNSER REISEFORUM „HIGHLIGHTS“
Von Reisenden für Reisende

BERICHTE TIPPS ***DISKUSSIONEN***

Allein, zu zweit oder in der Gruppe?

Simonetta C., 08. August

Die meisten Leute hier im Forum schreiben, dass sie nicht gern allein verreisen. Sie fühlen sich nicht so wohl (a), vermissen Gespräche oder haben sogar Angst. Ich sehe das anders: Allein reisen? ______ (b) Mit Reisen ohne Freunde oder Familie habe ich eigentlich ______ (c) „Warum?“ fragt ihr jetzt wahrscheinlich. ______ (d) es keine langen Diskussionen gibt. „Du möchtest ins Museum gehen? Ich will aber lieber an den Strand!“ So etwas nervt. Vor zwei Jahren war ich mit einer Freundin in London. Zu zweit in einer Großstadt, das geht echt gar nicht! Sie wollte ständig in Restaurants gehen, aber für mich war das viel zu teuer. Die Reise ______ (e)

14 👍 23 👎

Dieses Jahr bin ich also wieder allein in den Urlaub gefahren, nach Portugal. Es war super! Ich konnte mir selbst die Unterkunft aussuchen, habe nur Sehenswürdigkeiten angesehen, die mich wirklich interessieren, und habe tolle Abenteuer erlebt. Außerdem habe ich einen interessanten Mann kennengelernt ... ______ (f) man viel nettere Leute kennenlernt, wenn man allein unterwegs ist.
Portugal ist toll! Urlaub in Portugal kann ich euch nur empfehlen.
______ (g)

5 Interview mit Simonetta. Antworten Sie mit den Informationen aus Aufgabe 4. K

09

a Wie fühlen sich die meisten Leute, wenn sie allein verreisen? — Sie fühlen sich nicht so wohl.
b Wie findest du das Reisen allein?
c Welche Erfahrungen hast du bei den Reisen ohne Freunde oder Familie gemacht?
d Was gefällt dir am Reisen allein?
e Wie hat dir deine Reise nach London gefallen?
f Was hast du bei deinen Reisen allein bemerkt?
g Wie hat es dir in Portugal gefallen?

6 Würden Sie gern mit Simonetta vereisen? Warum? Warum nicht? SCHREIBEN

Auf gar keinen Fall! | Ich glaube, dass Simonetta ... | Warum nicht? | Zu zweit ist es billiger und vielleicht ...

7 Hamburg. Lesen Sie den Blog und ergänzen Sie die Sehenswürdigkeiten. LESEN

A

U-Bahn-Station HafenCity Universität

B

Ch

C

M

D

S

E

E

F

F

www.fischkopf-blog.de

Moin! „Fischköpfe" nennen manche Leute uns Norddeutsche. Meistens ist das Wort nicht nett gemeint, aber wir finden, es passt zu uns. Deshalb heißt auch unser Blog so. Wir sind ein Nordsee-Ostsee-Fischkopf-Paar. Wir, das sind Mette und Philip: Mette kommt aus Husum in Schleswig-Holstein. Husum ist an der Nordsee. Philip kommt aus Wismar in Mecklenburg-Vorpommern. Wismar ist an der Ostsee. In unserem Blog möchten wir euch ein paar wunderschöne Orte im Norden vorstellen.

St. Peter-Ording | Hansestadt Stralsund | Boltenhagen | Sylt | **Hansestadt Hamburg**

Hamburg ist zwar nicht direkt am Meer, aber durch den Fluss Elbe mit der Nordsee verbunden. Mit fast 2 Millionen Einwohnern ist Hamburg die zweitgrößte Stadt in Deutschland. Keine andere Stadt in Europa hat so viele Brücken wie das „Venedig des Nordens": ungefähr 2.500! Es gibt in Hamburg Sehenswürdigkeiten, die fast alle Touristen ansehen: den **Michel** – so nennen die Hamburger ihre 400 Jahre alte Kirche St. Michaelis – oder die **Speicherstadt**. Auch den **Hafen** und den **Fischmarkt** sollten Touristen auf keinen Fall verpassen. Seit 2017 hat Hamburg eine weitere Sehenswürdigkeit: die **Elbphilharmonie**, ein riesiges Konzerthaus. Man kann in Hamburg aber auch ganz andere Dinge erleben – verrückte **Kneipen**, tolle **Cafés**, große **Flohmärkte** und vieles mehr. Richtig cool finden wir die **U-Bahn-Station „HafenCity Universität"**. Dort hängen riesige bunte Licht-Boxen und am Wochenende gibt es eine Licht-Show mit Musik. Die U-Bahn ist in Hamburg sowieso toll: Sie fährt oft über der Erde – deshalb heißt sie Hochbahn. So kann man zum Beispiel den Hafen und die Elbphilharmonie durch das U-Bahn-Fenster sehen.
Sehr schön ist auch das **Chinesische Teehaus Yu Garden**, das Hamburg von seiner Partnerstadt Shanghai bekommen hat. Im Garten des Teehauses kann man Tee trinken und wunderbar entspannen.

8 Was ist richtig? Lesen Sie noch einmal und kreuzen Sie an.

a Ein „Fischkopf" ist ☒ ein Mensch ○ ein Tier .
b Mette und Philip schreiben ○ Geschichten ○ Reisetipps .
c Mettes Heimatstadt ist an der ○ Ostsee ○ Nordsee .
d Hamburg liegt ○ am Meer ○ an einem Fluss .
e ○ Hamburg ○ Venedig hat die meisten Brücken in Europa.
f In der ○ Universität ○ U-Bahn-Station gibt es Licht-Shows.
g Das Teehaus „Yu Garden" kommt aus ○ Hamburg ○ Shanghai .

1 Was ist richtig? Kreuzen Sie an. W

a Ich bin für ein Freiwilliges ☒ Soziales Jahr ○ Abitur .
b Der Bürgermeister hat eine gute ○ Gesellschaft ○ Rede gehalten.
c Der Staat macht ○ Gebrauchsanweisungen ○ Gesetze .
d Ein Mann hat die Rede der Bürgermeisterin ○ unterbrochen ○ gehandelt .
e Die Aktivisten wollen, dass man keine Tiere mehr ○ tötet ○ ändert .
f Unsere ○ Pflicht ○ Gesellschaft muss sozialer werden!
g Eine kluge ○ Politik ○ Ansicht achtet auf die Wünsche der Bürgerinnen und Bürger.
h Die Bürger werden ○ unterbrochen ○ aufgefordert , ihre Stadt sauber zu halten.

2 Was sagen Emma, Vitek und Thomas? Lesen und verbinden Sie. LESEN

www.dassindwir.org/gesellschaftsfragen

Und was tust du für die Gesellschaft?

Emma, 17, Detmold Nächstes Jahr bin ich mit der Schule fertig und beginne ein Freiwilliges Soziales Jahr (FSJ). Ich finde, dass die Gesellschaft sozialer werden muss. Und ein Soziales Jahr ist auch eine gute Vorbereitung auf das spätere Leben – auf das Berufsleben, auf eine eigene Familie und so. Ich freue mich sehr auf mein FSJ! Die Stelle habe ich schon: in einem Kinderheim. Die Kinder, die dort leben, haben keine Eltern mehr oder können nicht bei ihnen wohnen. Meine Aufgabe ist dann, die Angestellten bei ihrer Arbeit mit den Kindern zu unterstützen.

Vitek, 24, Stuttgart Ich komme aus Prag und lebe seit einem Jahr in der Nähe von Stuttgart. Ich arbeite an einer Universität, die auf Landwirtschaft spezialisiert ist, und schreibe gerade meine Doktorarbeit. In unserem internationalen Team untersuchen wir, welche Folgen der Klimawandel für die Landwirtschaft in Mitteleuropa hat.
Auch privat engagiere ich mich schon lange für ökologische Projekte. In Tschechien habe ich als Umweltaktivist Workshops an Schulen geleitet und Demonstrationen organisiert. Im Moment habe ich neben der Doktorarbeit leider keine Zeit für größere Projekte, aber das ändert sich hoffentlich bald wieder.

Thomas, 54, Ronnau Bei freiwilliger Arbeit für die Gesellschaft denken wahrscheinlich nicht viele Menschen an meinen Beruf: Ich bin seit sieben Jahren Bürgermeister hier in Ronnau. In kleinen Gemeinden machen Bürgermeister*innen in Deutschland ihren Job fast immer freiwillig und bekommen nur sehr wenig Geld dafür. Sie haben meist noch eine andere Arbeitsstelle. Ich zum Beispiel arbeite in Teilzeit bei einer Bank.
Es ärgert mich, wenn manche Menschen ständig über den Staat und die Politiker schimpfen. Da kann ich nur sagen: Macht doch selbst mit! Jede Bürgerin, jeder Bürger kann sich politisch engagieren und versuchen, etwas zu verändern.

1 Im Moment — e
2 Nach der Schule
3 Im Rathaus
4 Früher
5 Viele Bürgerinnen und Bürger
6 Ökologische Projekte
7 Durch ein Freiwilliges Soziales Jahr

a arbeiten viele Menschen freiwillig.
b interessieren sich zu wenig für Politik.
c habe ich mit Schülerinnen und Schülern gearbeitet.
d bereitet man sich auch auf den Beruf vor.
e kann ich mich nicht so viel engagieren.
f möchte ich mit Kindern arbeiten.
g interessieren mich beruflich und privat.

3 Tony und Libby chatten. Korrigieren Sie die unterstrichenen Satzteile. G

Hallo Libby, hast du Lust, zum Flohmarkt mitkommen? (a)
zum Flohmarkt mitzukommen

Hi Tony! Nein, das geht nicht. Ich muss doch meine Bewerbung schreiben. Es ist sooo doof, Bewerbungen zu schreiben müssen! (b)

Einer von uns muss auch das Geschirr sauber machen ... Vielleicht hast du mehr Lust, das Geschirr zu sauber machen (c) als Bewerbungen zu schreiben? 😉

Pfff! Du bist wohl verrückt! Hast DU keine Lust, das machen? (d)

Nein, habe ich nicht, ich bin auf dem Flohmarkt. Aber ich komme schnell nach Hause und koche uns Nudeln. Okay?

Es ist nicht gesund, jeden Tag Nudeln essen. (e)

Ja, aber ich habe keine Lust, Salat zu einkaufen. (f)

Okay. Keine Bewerbung, keine Nudeln – wir bestellen Pizza! 😃

Super Idee! 👍 Ich beeile mich, ganz schnell nach Hause kommen. (g)

4 Wo kann ein Infinitiv mit *zu* verwendet werden? Kreuzen Sie an. G

a ☒ sich (etwas) vorstellen
b ○ es schwierig/leicht finden
c ○ (sich) fragen
d ○ (keine) Zeit/Lust/Angst haben
e ○ versuchen
f ○ (nicht) wissen
g ○ anfangen
h ○ es toll finden
i ○ antworten
j ○ der Ansicht sein
k ○ jemanden auffordern
l ○ (nicht) vergessen
m ○ es macht glücklich/traurig
n ○ (nicht) verstehen

5 Schreiben Sie Sätze mit dem Infinitiv + *zu* oder mit *dass* oder *ob*. G

a Wir können uns gut vorstellen, nach Spanien umzuziehen (nach Spanien umziehen).
b Wir sind der Ansicht, dass das keine gute Idee ist (das ist keine gute Idee).
c Meine Nachbarn versuchen, ______ (eine neue Wohnung mieten).
d Sie fragt sich, ______ (den Job bekommen).
e Der Junge soll anfangen, ______ (seine Hausaufgaben machen).
f Du hast mir geantwortet, ______ (das Konzert doof finden).
g Vergiss bitte nicht, ______ (die Heizung ausmachen)!

6 Welche Reaktion passt? Kreuzen Sie an. K

a ○ Das Essen in der Kantine war heute so richtig schlecht!
  1 ☒ ▫ Da hast du recht.
  2 ○ ▫ Da bin ich mir aber nicht so sicher.

b ○ Nächstes Mal sollten wir wieder in das Restaurant ganz in der Nähe gehen.
  1 ○ ▫ Lass mich bitte kurz ausreden.
  2 ○ ▫ Ich bin ganz deiner Meinung.

c ○ Anne sagt, dass die Firma vor 20 Jahren besseres Essen hatte.
  1 ○ ▫ Das kann ich mir gut vorstellen.
  2 ○ ▫ Einen Moment, bitte.

d ○ Ich werde mich bei der Firma über das Essen beschweren.
  1 ○ ▫ Das ist eine sehr interessante Frage.
  2 ○ ▫ Versteh mich nicht falsch, aber das ist keine gute Idee.

10

7 Was interessiert Jonas gerade? Hören Sie und kreuzen Sie an. HÖREN

A ○
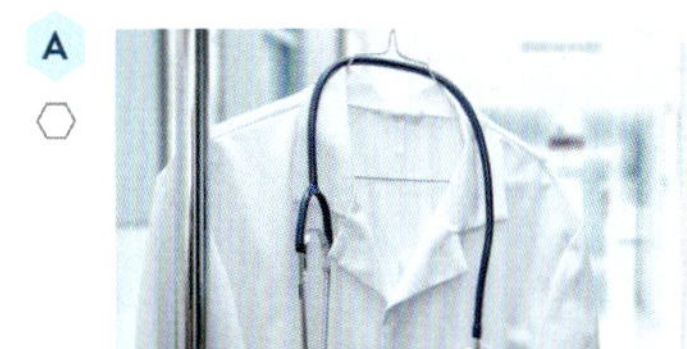

B ○

C ○

D ○
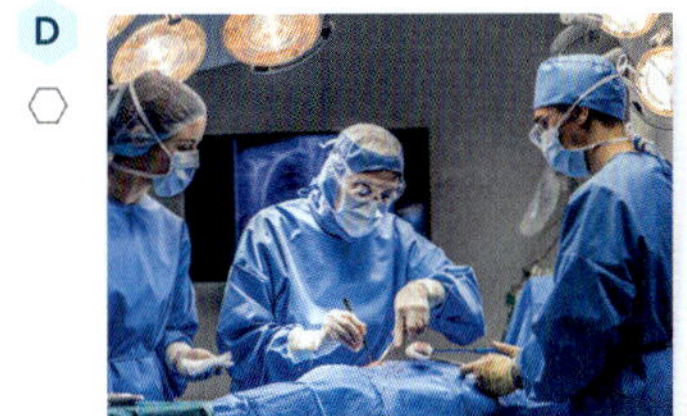

E ○

F ○

10

8 Was ist richtig? Hören Sie noch einmal und kreuzen Sie an.

a Jonas möchte ein Freiwilliges Ökologisches Jahr machen. ☒
b Nach dem Freiwilligen Ökologischen Jahr will Jonas Medizin studieren. ○
c Der Vater von Jonas ist Arzt. ○
d Jonas kannte seine Freundin vor dem Praktikum. ○
e Die Mutter sagt, dass Jonas auf nichts Lust hat. ○
f Die Mutter findet die Arbeit im Zoo gefährlich. ○
g Jonas kann im Zoo viel Geld verdienen. ○

1 Lösen Sie das Rätsel. W

Lösung: E

2 Ergänzen Sie in Aufgabe 1 ◆◆◆ wie im Beispiel. G

3 Julians Sprachkurs. Ordnen Sie zu. W

~~Abschluss~~ Aufenthalt Fortschritt Herausforderung Schwierigkeiten Unterrichtsstil Verständnisprobleme

LINGUA,
DER SPRACHEN-BLOG –
ERZÄHL UNS DEIN ERLEBNIS!

JULIUS, 20

Nach dem Bachelor-Abschluss (a) möchte ich für ein Jahr in Ungarn studieren, meine Uni hat eine Partneruni in Budapest. Ich freue mich schon total auf den ______ (b), aber es wird bestimmt auch eine ziemliche ______ (c). Das fängt mit der Sprache an. Die Seminare und Vorlesungen an der Uni sind zwar auf Englisch, aber in einem fremden Land zu leben und die Sprache nicht zu sprechen – das geht echt gar nicht! Um später weniger ______ (d) zu haben, habe ich also angefangen, schon zu Hause Ungarisch zu lernen. Die Sprache ist sehr, sehr schwer, vor allem mit der Grammatik hatte ich große ______ (e). Am Anfang habe ich fast gar keinen ______ (f) gemacht und war total frustriert. Aber meine Lehrerin Ildikó ist super, ich mag ihren ______ (g). Irgendwann hat es dann „klick!" gemacht, und ich konnte ein paar Sätze sagen und einfache Texte verstehen. Letzte Woche habe ich die A2-Prüfung bestanden. 🙂

4 Lesen Sie Aufgabe 3 noch einmal und kreuzen Sie an: *richtig* oder *falsch*? LESEN

	richtig	falsch
a Der Blog ist von einer Sprachschule.	○	☒
b Julian möchte in Budapest seinen Bachelor machen.	○	○
c Die Vorlesungen sind nicht auf Ungarisch.	○	○
d Julian hat einen Sprachkurs in Ungarn gemacht.	○	○
e Julian hat am Anfang keine Fortschritte gemacht.	○	○
f Julian liest nun auf Ungarisch Bücher.	○	○

5 Was passt zusammen? Verbinden Sie. W

1 Die Prüfung war — c
2 Von deinen Erlebnissen in Japan musst du mir unbedingt
3 Man kann sich im Sekretariat
4 So ein Stress! Am Dienstag muss ich meine Seminararbeit
5 Mach dir keine Sorgen. 45 von 70 Punkten sollten
6 Ich bin immer ehrlich. Ich kann gar nicht
7 Mit den Prüfungsthemen sollte man sich natürlich gut

a anmelden.
b lügen.
c schriftlich und mündlich.
d ausreichen.
e auskennen.
f berichten.
g abgeben.

6 Ergänzen Sie den bestimmten Artikel und schreiben Sie wie im Beispiel. G

a der starke Regen → wegen des starken Regens
b .... schwierige Prüfung → trotz ....
c .... intensive Lernen → trotz ....
d .... schriftliche Bestätigung → trotz ....
e .... ungewohnte Dialekt → wegen ....
f .... große Fortschritt → wegen ....
g .... neue Semester → wegen ....
h .... große Herausforderung → trotz ....

7 *Obwohl*, *trotz*, *weil* oder *wegen*? Kreuzen Sie an. G

a Er hat die Prüfung ○ weil ○ obwohl ☒ trotz ○ wegen intensiven Lernens nicht geschafft.
b Ich besuche das Seminar, ○ weil ○ obwohl ○ trotz ○ wegen es langweilig ist.
c Susi reist viel, ○ weil ○ obwohl ○ trotz ○ wegen sie andere Teile der Welt sehen möchte.
d ○ Weil ○ Obwohl ○ Trotz ○ Wegen einer Zugverspätung kam Vittorio nicht pünktlich.
e ○ Weil ○ Obwohl ○ Trotz ○ Wegen die Vorlesung interessant ist, gehe ich selten hin.
f Willst du ○ weil ○ obwohl ○ trotz ○ wegen deiner schlechten Englischkenntnisse in den USA studieren?
g Die Universitätsbibliothek musste ○ weil ○ obwohl ○ trotz ○ wegen eines Feuers lange schließen.
h Ich bin stolz auf mich, ○ weil ○ obwohl ○ trotz ○ wegen ich die Prüfung geschafft habe.
i Lucia möchte Chinesisch lernen, ○ weil ○ obwohl ○ trotz ○ wegen es schwierig ist.
j Mein Cousin hat ○ weil ○ obwohl ○ trotz ○ wegen seines guten Abschlusses keinen Job gefunden.

11 **8 Was ist Pierres Problem? Hören Sie das Gespräch und kreuzen Sie an.** HÖREN

a ◯ Er hat Angst, der Professorin zu schreiben.
b ◯ In seinem Land sind formelle Briefe und E-Mails ganz anders.
c ◯ Sein Deutsch ist nicht so gut.

11 **9 Ordnen Sie zu und hören Sie dann zur Kontrolle noch einmal.**

bekannt | Deutschland | die Professorin | Frankreich | Nina | Ninas Bruder | ~~Pierre~~ | verzweifelt

a Pierre macht bald den Master.
b Er muss eine E-Mail an ………… schicken.
c ………… und Pierre sind Freunde.
d Wichtige E-Mails sind in ………… höflicher, findet Pierre.
e ………… studiert bald in Frankreich.
f Die Professorin ist ziemlich ………… .
g Pierre ist ………… .
h Nina lebt in ………… .

10 Was kann Pierre in seiner E-Mail schreiben, was nicht? Ordnen Sie zu. K

Besten Dank im Voraus. | Ich will total gern meinen Master bei Ihnen machen. | ~~Mit freundlichen Grüßen~~ | Bis bald! | Hallo Frau Steenweiler-Schick! | Ich würde gern im Sommer beginnen. Wäre das möglich? | Deshalb möchte ich meine Masterarbeit bei Ihnen schreiben. | Viele Grüße | Außerdem möchte ich Sie fragen, ob …. | Es tut mir leid, dass ich Ihnen so spontan schreibe. | Sehr geehrte Frau Prof. Steenweiler-Schick,

das kann er schreiben	das sollte er nicht schreiben
Mit freundlichen Grüßen	

Vögel auf der Reise

a Lesen Sie den Artikel und kreuzen Sie an: *richtig* oder *falsch*?

WENN VÖGEL LERNEN ZU REISEN ...

Dieser Vogel heißt Waldrapp oder Ibisvogel. Früher gab es in Mitteleuropa viele Waldrappe. Aber der Vogel sieht nicht nur interessant und verrückt aus, er hat den Menschen auch sehr gut geschmeckt. Deshalb gab es die Vögel irgendwann in der freien Natur nicht mehr, sondern nur noch in Zoos. Die Europäische Union hat 2014 ein Projekt gestartet, um dem Waldrapp wieder eine Heimat in der Natur zu geben. An dem Projekt arbeiten zehn Partner aus vier Ländern – Österreich, Deutschland, Italien und der Schweiz – mit.

Waldrappe sind „Zugvögel". Das heißt, dass sie im Winter an Orte fliegen, wo es wärmer ist. Sie würden sonst wegen der Kälte nichts zu fressen finden und sterben.

Die Waldrappküken, also die Vogelkinder, haben von ihren Eltern nicht gelernt, dass sie im Winter in den Süden fliegen müssen, denn ihre Eltern sind ja im Zoo aufgewachsen. Dieses Wissen muss nun wieder trainiert werden – eine große Herausforderung für die Biologinnen und Biologen! Sie werden also „Eltern" der kleinen Vögel und trainieren viele Wochen mit ihnen – erst kurze Wege, dann immer längere. Die jungen Vögel haben Vertrauen zu ihren neuen Eltern und folgen ihnen über die Alpen nach Italien. Dafür reisen die Biologen in kleinen Flugzeugen und zeigen den Waldrappen den Weg. Die Vögel sollen sich so den Weg merken und ihn später auch allein wieder finden.

Das Projekt hat erste Erfolge: Es gibt Waldrappe, die tatsächlich allein den Weg zurück über die Alpen nach Österreich oder Deutschland gefunden haben.

		richtig	falsch
1	Früher hat man Waldrappe gegessen.	☒	○
2	Das Waldrapp-Projekt ist international.	○	○
3	Für Waldrappe ist der Winter in Deutschland zu kalt.	○	○
4	Die Eltern der Waldrappküken leben in der freien Natur.	○	○
5	Biologen nehmen die Vögel in kleinen Flugzeugen mit.	○	○
6	Das Projekt ist erfolgreich.	○	○

b Wie finden Sie das Projekt? Warum?

interessant   ökologisch   Umweltschutz   Wissenschaft   tolle Idee   zu teuer   unwichtig   nicht interessant

Ich finde das Projekt toll / nicht gut, weil

10

1 Bilden Sie noch sieben Wörter und ordnen Sie zu.

stim Kün ter ~~beits~~ wor ant ~~stelle~~ Wei di rung gung dung mung tung Feed be fah Mit Be back er rufs bil Kri ~~Ar~~ Ver tik

a die: Arbeitsstelle, ...

b das: ....

2 Arbeitswelt: Was ist richtig? Kreuzen Sie an.

a	eine positive Rückmeldung	☒ geben	○ sagen
b	eine neue Arbeitsstelle	○ können	○ suchen
c	mehr Berufserfahrung	○ sammeln	○ lassen
d	eine interessante Weiterbildung	○ arbeiten	○ besuchen
e	eine steile Karriere	○ machen	○ haben
f	ein hohes Einkommen	○ machen	○ haben
g	eine große Herausforderung	○ sein	○ geben

3 Was passt zusammen? Verbinden Sie.

1 Das Gehalt ist für mich
2 Bewirb dich! Das ist bestimmt
3 Ich lese in Zeitungen nur
4 Im Sommer besuche ich
5 Morgen erfahren Sie
6 Oh Mann, war das wieder
7 Julia jobbt in der Arztpraxis als
8 Mich interessiert vor allem

a eine langweilige Sitzung.
b die Überschriften.
c die Details.
d der Inhalt meiner Arbeit.
e zwei Sprachkurse.
f eine interessante Tätigkeit.
g Aushilfe.
h ein wichtiger Faktor.

4 *Bis* oder *seit*? Kreuzen Sie an. G

a Ich wollte Ingenieurin werden, ◯ bis ☒ seit ich ein Kind war.
b ◯ Bis ◯ Seit wir einen neuen Nachbarn haben, ist es ständig laut.
c Ich musste gestern in der Firma bleiben, ◯ bis ◯ seit es draußen dunkel war.
d Ich liebe Marcel, ◯ bis ◯ seit wir in der 7. Klasse waren.
e Ich muss noch viel trainieren, ◯ bis ◯ seit ich zum New-York-Marathon fliege.
f Die Arbeit macht viel mehr Spaß, ◯ bis ◯ seit ich selbstständig bin.
g Der Sprachkurs ist langweilig, ◯ bis ◯ seit wir eine neue Lehrerin haben.
h Max war frustriert, ◯ bis ◯ seit er ein tolles Feedback bekommen hat.
i Das Einkommen bleibt gleich, ◯ bis ◯ seit Sie zwei Jahre in der Firma sind.

5 *Bevor* oder *während*? Kreuzen Sie an. G

a Es ist wichtig, ein positives Feedback zu geben, ☒ bevor ◯ während man jemanden kritisiert.
b Mein Schreibtisch muss ordentlich sein, ◯ bevor ◯ während ich mit der Arbeit beginne.
c Susanne macht ihr Handy aus, ◯ bevor ◯ während sie die Kundin berät.
d ◯ Bevor ◯ Während ich die Katze füttere, macht mein Computer ein Update.
e Ich hatte ein niedriges Einkommen, ◯ bevor ◯ während ich die Stelle gewechselt habe.
f Unsere Tochter wohnt auch noch bei uns, ◯ bevor ◯ während sie studiert.
g Ich kann nicht Radio hören, ◯ bevor ◯ während ich arbeite.
h Guck lieber erst auf die Karte, ◯ bevor ◯ während du das Essen bestellst!
i Tamer hört gern Musik, ◯ bevor ◯ während er Auto fährt.

6 Schreiben Sie je einen Satz mit *bevor*, *bis*, *seit* oder *während*. G

a Die besten Ideen kommen mir oft, während ich schlafe (ich | schlafen).
b Ich trinke täglich drei Tassen Kaffee, ______ (ich | haben | die neue Kaffeemaschine).
c Die Kaffeetasse ist fast schon leer, ______ (ich | sein | im Arbeitszimmer).
d Ich höre oft Musik und chatte, ______ (ich | beginnen | mit der Arbeit).

7 Sehen Sie sich die Statistik an und ordnen Sie zu. K

das Thema der Statistik lautet | die meisten | die wenigsten | ~~die Hälfte~~ | über ein Drittel | auf Platz 2

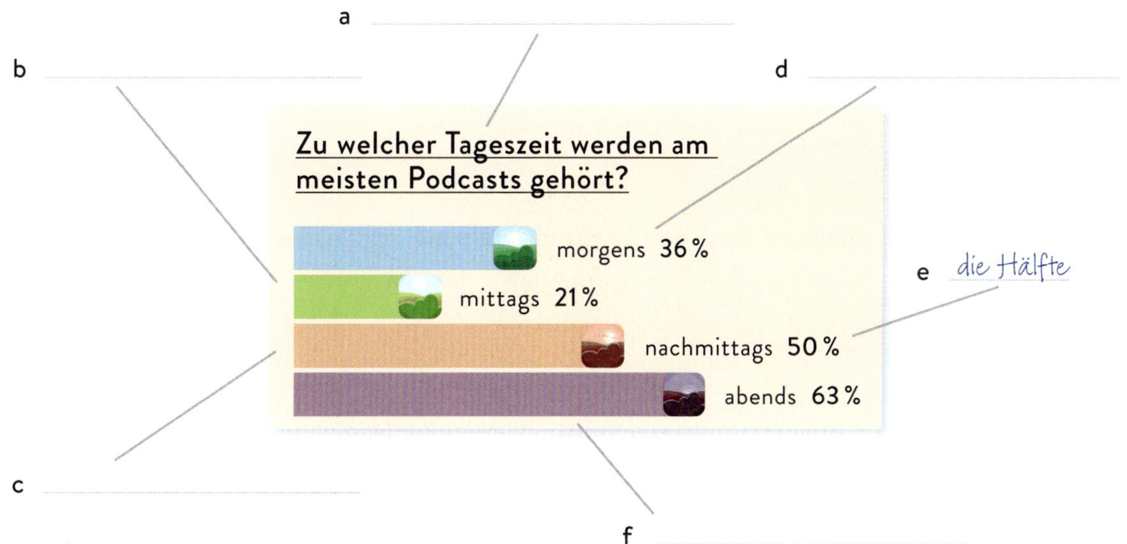

8 Lesen Sie und ordnen Sie zu: Herr Maß (M) oder Smith (S)? LESEN

PROFIMUSIKER UND FUSSBALLPROFI – PASST DAS ZUSAMMEN?

„Auf keinen Fall!“, denken Sie bestimmt, und das haben wir auch gedacht. Aber die beiden haben sehr viel gemeinsam, wie wir in unserem Gespräch mit Eckart Maß und Timothy Smith gemerkt haben. Was ist ähnlich? Wir haben Themen gesammelt und dazu die Aussagen der beiden notiert.

Eckart Maß, 38, spielt Cello in einem großen Opernhaus.

Timothy Smith, 32, spielt Fußball in einem international bekannten Verein.

FRÜHER START

a S „Ich habe mit acht Jahren angefangen zu spielen, erst mit Freunden, dann in einem Verein. Ab zwölf Jahren habe ich dann intensiv trainiert.“

b ..... „Ich habe mit sieben Jahren den ersten Unterricht bekommen. In meinem Beruf haben fast alle früh angefangen, sonst schafft man es nur schwer, Profi zu werden.“

ÜBEN UND TRAINIEREN

c ..... „Ich übe jeden Tag zwei Stunden zu Hause, danach fahre ich zur Arbeit und übe mit den Kolleginnen und Kollegen. Außerdem gehe ich oft joggen, um fit zu bleiben. Denn wir spielen manchmal fünf Stunden am Stück.“

d ..... „Training, Training, Training! Mehr muss ich da wohl nicht sagen. Ich trainiere auch im Urlaub. Man muss fit und gesund bleiben. Ich hatte mal Probleme mit dem Knie und musste sechs Monate Pause machen, das war schlimm.“

DER CHEF / DIE CHEFIN

e ..... „Der Chef (in meinem Beruf meistens ein Mann) ist der Chef. Da gibt es nicht viel Mitbestimmung. Das wäre auch schwierig bei 130 Kolleginnen und Kollegen.“

f ..... „Der Chef (in meinem Beruf meistens ein Mann) ist der Chef. Wir können etwas vorschlagen, aber er entscheidet. Ein schlechter Chef – wie mein letzter – verliert allerdings auch schnell seinen Job.“

REISEN

9 Lesen Sie noch einmal und kreuzen Sie an: *richtig* oder *falsch*?

		richtig	falsch
a	In dem Interview sprechen zwei Personen über ihre Berufe.	☒	○
b	Herr Maß und Herr Smith haben früh angefangen zu arbeiten.	○	○
c	Herr Maß übt zu Hause und am Arbeitsplatz.	○	○
d	Her Maß hat sich mal am Knie wehgetan.	○	○
e	Der Chef von Herrn Smith musste den Verein verlassen.	○	○

10 Hören Sie den zweiten Teil des Interviews und ergänzen Sie. HÖREN

12

a Bei internationalen Spielen spielt Herr Smith für England.
b Beim Fußball sind T-Shirts und Hose in jedem V ..... unterschiedlich.
c In Konzerten ist schwarze Kleidung V ..... .
d Frauen dürfen ein schwarzes K ..... tragen.
e Die Journalistin muss keine bestimmte A ..... tragen.
f Profifußballer gehen meist früh in R ..... .
g Manche Musiker arbeiten nach der Rente noch f ..... .

1 Welches Adjektiv passt nicht? Schreiben Sie das Gegenteil. W

a Ein Teddybär ist weich und ~~nass~~. trocken
b Ein Bleistift ist leicht und rau. ……
c Eine Nadel ist rund und dünn. ……
d Glas ist hart und stabil. ……
e Ein Handtuch ist hart und oft feucht. ……
f Ein Ball ist eckig und glatt. ……
g Ein Autoreifen ist schwer und zerbrechlich. ……
h Eine Sofakissen ist dünn und weich. ……

2 Was macht man wo? Ergänzen Sie die fehlenden Buchstaben. W

in der K ü c h e	am C _ _ p _ _ _ r	in einer _ _ _ _ statt
Geschirr v _ _ _ _ _ _ t z _ _	Dateien _ _ _ _ _ e r n	Geräte h _ _ s _ _ l l _ _
Lebensmittel _ _ _ b _ _ _ _ h e n	Newsletter _ _ _ n n _ _ _ _ _	Plastik r e _ _ _ _ _ _

3 Die Klara-Karte: Was ist richtig? Kreuzen Sie an. W

www.klara-karte.org

INFO KOSTEN NEWSLETTER KONTAKT

Die Klara-Karte – für ein umweltfreundliches und günstiges Leben

Die Klara-Karte ist so groß wie ein Personalausweis und passt in ○ jeden Sack ☒ jede Geldbörse (a). Mit unserer Karte kannst du in verschiedenen Bereichen des Lebens Geld sparen und dabei gleichzeitig etwas Gutes für die Umwelt tun. Hier sind ein paar Beispiele:

- Viele ○ Verbraucher:innen ○ Mitarbeiter:innen (b) hätten gern ○ umweltfreundliche Kleidung ○ umweltfreundlichen Strom (c) aus Sonne, Wind oder Wasser. Gute Idee! Aber wo gibt es günstige und faire Angebote? Wie und wann kann ich ○ den Vertrag ○ das Geld (d) wechseln? Wir recherchieren für dich und helfen dir auch beim Vertrag.
- Der Bioladen mit regionalem Obst und Gemüse ist so teuer? Nicht mit der Klara-Karte! Mit ihr bekommst du 5 % ○ Rabatt ○ Angebot (e) auf alle Produkte der „Grüner Baum"-Supermärkte. Außerdem informieren wir dich per ○ E-Mail ○ Chat (f) regelmäßig über Sonderangebote und Gratisaktionen.
- Mehrere vegane Restaurants machen bei der Klara-Karte mit und bieten günstige Gerichte an.

Wir basteln noch, aber bald gibt's die Klara-Karte natürlich auch als App!

4 Wer sagt was? Maren (M), Halil (H) oder beide (B)? HÖREN

13

a H Ich habe die Klara-Karte im Internet bestellt.
b ...... Ich brauche nicht noch eine Karte.
c ...... Das „Solara" ist ein gutes Restaurant.
d ...... Ich habe Ökostrom.
e ...... Ich habe mich nicht so gut über die Karte informiert.
f ...... Ich kaufe nicht oft im Bioladen.

5 Würden Sie die Klara-Karte kaufen? Warum (nicht)? Schreiben Sie. SCHREIBEN

Das ist natürlich abhängig von den Kosten, aber ... | Mich würde das Angebot sehr interessieren, weil ... | Wir haben schon umweltfreundlichen Strom, deshalb ... | Bio-Supermärkte sind extrem teuer, daher ...

6 Wichtige Gegenstände 1. Ergänzen Sie wie im Beispiel. G

Claudius: ein Ball
a Das ist ein Ball, der ganz besonders ist: Er ist bunt. Nominativ
b Es ist ein Ball, den ich schon seit meiner Kindheit habe. Akkusativ
c Es ist der Ball, dem ich beim Fußball viele Jahre lang hinterhergelaufen bin. Dativ

Antonia: eine Seife
d Das ist eine Seife, die nach Lavendel riecht. ......
e Die Seife, die ich so gern mag, ist von der Firma Lishy. ......
f Aber diese Seife, der ich meine Hände und mein Gesicht anvertraue, ist leider richtig teuer. ......

Josefine: ein Taschenmesser
g Das ist ein Taschenmesser, das ich mir mit zehn Jahren gekauft habe. ......
h Das Taschenmesser, dem nichts passieren darf, ist klein. ......
i Ich mag dieses Taschenmesser, das immer in meinem Rucksack ist. ......

Thorben: Sportschuhe
j Das sind Sportschuhe, die ich mir im Januar gekauft habe. ......
k Es sind Sportschuhe, die aus den USA kommen. ......
l Es sind Sportschuhe, denen es draußen gefällt. ......

7 Wichtige Gegenstände 2. Ergänzen Sie die Relativpronomen. G

a Es ist ein Ball, mit dem ich jeden Tag gespielt habe, und von ______ ich immer noch begeistert bin.

b Es ist eine Seife, bei ______ mir der Geruch gefällt, und mit ______ ich mich gern wasche.

c Es ist ein Messer, für ______ ich immer Platz im Rucksack finde, und mit ______ ich oft Äpfel schneide.

d Es sind Schuhe, für ______ ich viel Geld bezahlt habe, und ohne ______ ich nicht mehr jogge.

8 Eine traurige Ehe. Schreiben Sie Sätze mit Relativpronomen. G

a Das ist die Frau. Ich habe sie geliebt.
Das ist die Frau, die ich geliebt habe.

b Das ist der Mann. Ich fand ihn schnell langweilig.
Das ist der Mann, ______

c Das ist die Frau. Ohne sie wollte ich keinen einzigen Tag verbringen.
Das ist die Frau, ______

d Das ist der Mann. Ich war sieben Jahre mit ihm verheiratet.
Das ist der Mann, ______

e Das ist die Frau. Ich habe ihr vertraut.
Das ist die Frau, ______

f Das ist der Mann. Ich habe durch ihn meinen zweiten Mann kennengelernt.
Das ist der Mann, ______

9 *TripTrap*-Schuhe. Schreiben Sie Sätze. K

www.oekologischemamasundpapas.de

Heute möchte ich euch ein Produkt vorstellen, von dem ich total begeistert bin **(dem | von | total | ich | bin | begeistert) (a):**
***TripTrap*, Kinderschuhe aus EcoBaNussi.**

Ihr kennt das Problem: Kinder wachsen so schnell, dass man ständig neue Schuhe kaufen muss. Und das ist nicht nur teuer, sondern auch schlecht für die Umwelt: Schuhe macht man aus Leder und Plastik, oft auch nur aus Plastik. Leder ist nicht nachhaltig, Plastik verschmutzt die Meere.

Flavia

EcoBaNussi ist ein ganz neues Material aus Pflanzenresten. Dadurch ist EcoBaNussi nachhaltig. Und ______ (daran | das Tolle | ist) (b), dass es sich vollständig recyceln lässt!

Für meinen Sohn Rafael habe ich nachhaltige Schuhe gesucht und das war gar nicht so einfach. Aber dann habe ich die *TripTraps* gefunden. Sie sind oben aus Hanf-Stoff, unten aus EcoBaNussi. ______ (weich und glatt | sie | sind) (c) und sehr angenehm beim Laufen. Rafa hat damit noch nie Schmerzen gehabt. Es gibt sie in verschiedenen Farben und Mustern. Die Schuhe sind für draußen gedacht, man kann sie sogar bei Regen tragen. Aber ______ (für die Wohnung | auch | sie | sich | eignen) (d).

TripTraps ______ (also | für alle Eltern | besonders | interessant | sind) (e), die für ihre Kinder nachhaltige Kleidung suchen. Diese Schuhe gehören definitiv zu den Kindersachen, ______ (die | kann | empfehlen | allen Eltern | ich) (f).

1 Was passt zusammen? Verbinden Sie.

Spargel mit Schnitzel – ein deutsches Lieblingsgericht

Man kann ihn nur im Frühling kaufen und viele Menschen lieben ihn: Spargel.

Es gibt viele Möglichkeiten, Spargel zuzubereiten. Besonders gern wird er mit Kartoffeln und Schnitzel oder Schinken gegessen. Und so geht es:

1 Die Zutaten sollte man frisch
2 Zuerst muss man die Kartoffeln und den Spargel
3 Dann muss man die Kartoffeln im Topf
4 Auch die Kräuter kann man schon
5 Die Sauce kann man selbst machen oder kaufen und
6 Damit der Spargel nicht zu weich wird, darf er nicht zu lange
7 Wenn der Spargel fast fertig ist, kann man das Fleisch

a kochen.
b hacken.
c einkaufen.
d schälen.
e aufwärmen.
f braten.
g kochen.

2 Ergänzen Sie den Einkaufszettel.

a ⬡ Senf
b ⬡ Kräuter
c ⬡ ....
d ⬡ Salat
e ⬡ Eis
f ⬡ Schokolade
g ⬡ ....
h ⬡ ....
i ⬡ Milch
j ⬡ ....
k ⬡ ....
l ⬡ Bananen
m ⬡ Nudeln
n ⬡ Reis
o ⬡ Käse
p ⬡ ....

3 Was kaufen Edda und Bo ein? Kreuzen Sie oben an. 14 HÖREN

4 Wofür brauchen Edda und Bo die Lebensmittel? Bilden Sie Nomen. G

a Sie haben Eddas Familie eingeladen. Das Essen ist für die Einladung.
b Sie möchten Hühnchen grillen. Sie brauchen das Hühnchen zum ________.
c Edda möchte Kuchen backen. Das ________ macht ihr Spaß.
d Bo möchte ein Getränk mit Bananen mixen. Er braucht die Bananen zum ________.
e Edda möchte Käse reiben. Das ________ dauert lange.
f Sie wärmen keine Suppe auf. Bo mag Suppe zum ________ nicht.

5 Schreiben Sie die Sätze mit *so … dass* oder *sodass* neu. G

a Manja hat so viel Hunger, dass sie nach dem Meeting sofort ins Restaurant geht.
Manja hat viel Hunger, sodass sie nach dem Meeting sofort ins Restaurant geht.
b Es sind schon viele Tische besetzt, sodass sie sich zu jemandem dazusetzt.
____
c Das Essen sieht so toll aus, dass Manja es fotografieren möchte.
____
d Es hat gut geschmeckt, sodass sie noch einen Nachtisch bestellt.
____
e Der Nachtisch sieht so künstlich aus, dass Manja keinen Appetit mehr hat.
____
f Sie ist enttäuscht von dem Restaurant, sodass sie nicht mehr hingehen möchte.
____

6 Wo kann man *sodass* durch *so … dass* ersetzen? Kreuzen Sie an. G

a ☒ Morgens habe ich wenig Zeit, sodass ich nur ein Müsli esse.
b ○ Ich esse gern Äpfel, sodass ich jede Woche neue kaufen muss.
c ○ Wir grillen oft, sodass wir viele Rezepte kennen.
d ○ Susi hat nie Lust zu kochen, sodass sie oft im Restaurant isst.
e ○ Ich finde Hühnchen lecker, sodass ich es jeden Monat esse.
f ○ Toto bereitet Fisch gewöhnlich roh zu, sodass ich nichts davon esse.

7 Schreiben Sie Sätze mit *sodass* oder *so … dass* oder mit beiden. G

a In meinem Garten wachsen Karotten und Bohnen. Ich habe immer frisches Gemüse.
In meinem Garten wachsen Karotten und Bohnen, sodass ich immer frisches Gemüse habe.
b Das Messer ist so scharf. Man kann sich damit in die Finger schneiden.
____
____
c Ich mag Joghurt gern. In meinem Kühlschrank stehen immer zehn Becher.
____
____
d Morgen bekomme ich Gäste. Ich muss noch viel vorbereiten.
____
____

8 Sortieren Sie das Gespräch und hören Sie zur Kontrolle. K

🔊 15

- ⬡ Schinken? Aber ich bin doch Vegetarierin.
- ⬡ Hm, ein regionales Gericht ... Ja, iss unbedingt mal Dünnele, Élise! Das ist für mich das leckerste Essen überhaupt.
- ⬡ Mmm, lecker! Das will ich unbedingt probieren. Lustig, bei uns in Frankreich gibt es fast das gleiche Gericht: Flammkuchen.
- ⬡ Gar kein Problem, Élise! Es gibt natürlich auch vegetarische Dünnele, zum Beispiel mit dünn geschnittenen Äpfeln.
- ⬡ Oh ja, sehr gern!
- ⬡ Es ist ein einfaches Gericht, man bekommt es eher auf dem Land. Unten ist so etwas wie ein ganz, ganz dünner Pizzateig – deshalb heißen sie auch Dünnele – und darauf sind verschiedene Zutaten. Meistens werden die Dünnele mit Zwiebeln, Käse und Schinken zubereitet. Dann werden sie auf einem heißen Stein gebacken.
- (1) Salut Friederike, wie geht's dir? Ich habe eine Frage: Kennst du ein leckeres regionales Gericht vom Bodensee?
- ⬡ Das ist echt lustig! Wollen wir morgen zusammen Dünnele essen gehen?
- ⬡ Was genau ist das?

9 Was ist richtig? Lesen Sie die Beiträge und kreuzen Sie an. LESEN

WAS IST DEIN LIEBLINGSESSEN?

Alicia Hallo ihr Lieben! Gestern habe ich euch etwas über mein Lieblingsessen erzählt. Und ja, das Rezept kommt noch. 😉 Nun möchte ich natürlich wissen, was ihr gern esst. Ich freue mich auf eure Beiträge! Eure Alicia

4 KOMMENTARE

Vika, 22, Ukraine Mein Lieblingsessen ist Borschtsch. Fast überall in Osteuropa isst man dieses Gericht aus Kartoffeln, Karotten, Tomaten und vielen anderen Gemüsesorten und Kräutern – manchmal auch mit Fleisch. Es gibt viele, viele Rezepte für Borschtsch, aber am besten schmeckt er natürlich, wenn Mama ihn kocht. 😋

Shahin, 38, Iran Wir essen zwar sehr viel Reis im Iran, aber ich liebe Kartoffeln. Mein Lieblingsessen heißt Kuku Sibzamini. Das sind kleine gebratene Küchlein aus Kartoffeln, Eiern und Zwiebeln. Lustig übrigens: Ich lebe in Österreich, wo die Kartoffel „Erdapfel" heißt. Auf Persisch heißt sie genauso: *sib-zamini*, Apfel aus dem Boden.

Jeremy, 33, Kanada Ich liebe Tourtière. Das Gericht kommt aus dem französischen Teil von Kanada und ist eine Art salziger Kuchen mit Fleisch darin. Man isst es am Abend vor Weihnachten und am Silvesterabend. Zum Glück kann man Tourtière auch im englischen Teil Kanadas kaufen, sonst müsste ich das Gericht selbst zubereiten. 😉

Nayla, 25, Türkei Mein Lieblingsessen heißt Ekşili Tavuk: Hühnchen mit Gemüse und ganz vielen Gewürzen, super lecker! Es dauert fast eine Stunde, bis es fertig ist, aber mein Freund und ich kochen gern zusammen und gucken dann immer eine Folge unserer Lieblingsserie. 🙂

- **a** Borschtsch gibt es in vielen Ländern. ☒
- **b** Vika isst nur Borschtsch von ihrer Mutter. ⬡
- **c** Reis ist im Iran wichtiger als Kartoffeln. ⬡
- **d** Kuku Sibzamini macht man mit Äpfeln. ⬡
- **e** Jeremy kommt aus dem englischen Teil von Kanada. ⬡
- **f** Tourtière isst man nur an Weihnachten. ⬡
- **g** Naylas Lieblingsessen ist vegetarisch. ⬡
- **h** Nayla und ihr Freund kochen zusammen. ⬡

1 Kartoffeln

a Lesen Sie den Artikel und ordnen Sie die Fotos zu.

1

2

3

www.kartoffel-nudel-brot.de

Pellkartoffeln, Salzkartoffeln, Bratkartoffeln, Ofenkartoffeln, Kartoffelauflauf, Kartoffelsalat, Kartoffelpuffer, Kartoffelpüree …

○ Es gibt unendlich viele deutsche Kartoffelgerichte. Kartoffeln gelten als so typisch deutsch, dass es sogar den (meistens nicht sehr nett gemeinten) Ausdruck „Kartoffeln" für die Deutschen gibt. Aber sind es wirklich die Deutschen, die so besonders viele Kartoffeln essen? Die Kartoffel ist keine europäische Pflanze, sie kommt aus Südamerika. Trotzdem wächst sie in Europa wunderbar. Sie wächst auch zu Hause im Garten. Kartoffeln machen satt und kosten nicht viel, man kann mit ihnen viele verschiedene Gerichte zubereiten, kann sie gekocht, gebacken, gegrillt und gebraten essen. Eine ziemlich tolle Pflanze also.

○ 1950 hat jede*r Deutsche im Durchschnitt mehr als 180 Kilo Kartoffeln im Jahr gegessen. Laut einer Studie aus dem Jahr 2020, die alle EU-Staaten vergleicht, kommt Deutschland mit nur noch 67 Kilo pro Person erst an sechster Stelle. Nummer 1 sind die Polen, die pro Kopf rund 100 Kilo Kartoffeln im Jahr essen.

○ Es gibt mehrere Gründe dafür, dass die Deutschen immer weniger Kartoffeln gegessen haben: Die Menschen hatten mehr Geld für andere Lebensmittel; viele haben mal eine Reise ins Ausland gemacht und dort andere Gerichte kennengelernt. Und nicht zuletzt waren die italienischen, spanischen und türkischen Arbeiter, die ab 1955 ins Land kamen, der Grund, dass außer Kartoffeln nun auch Nudeln, Reis und neue Gemüsesorten auf die Teller der Deutschen gekommen sind. Seit regionale und ökologische Lebensmittel für viele Menschen wichtig geworden sind, ist die Kartoffel wieder beliebter.

b Lesen Sie noch einmal und kreuzen Sie an: *richtig*, *falsch* oder *keine Information*?

	richtig	falsch	keine Information
1 Kartoffeln im Supermarkt kommen aus Südamerika.	○	☒	○
2 Kartoffeln sind in Deutschland nicht teuer.	○	○	○
3 In Polen hat man früher mehr Kartoffeln gegessen.	○	○	○
4 In fünf Ländern in der EU isst man mehr Kartoffeln als in Deutschland.	○	○	○
5 Beim Urlaub im Ausland gab es keine Kartoffeln.	○	○	○
6 Regionale Kartoffeln werden heute nicht mehr gegessen.	○	○	○

2 Gibt es in Ihrem Land auch Kartoffelgerichte? Welche? Schreiben Sie.

Wir essen sehr oft Kartoffeln. Manche Leute … Wir haben ein Gericht, das … Man isst es …
Kartoffeln sind bei uns nicht üblich. Die Kartoffeln werden gebraten/gekocht/ …

1 Finden Sie noch sieben Adjektive und schreiben Sie. W

N	D	R	D	P	B	A	Q	D	C	H
N	T	S	W	I	L	D	D	J	N	G
N	F	O	U	R	K	H	F	A	U	L
A	N	G	E	B	L	I	C	H	W	A
A	S	E	S	O	N	F	R	R	I	H
V	Y	Q	D	K	N	R	C	E	U	R
L	U	F	F	N	T	E	X	L	D	H
N	Ü	T	Z	L	I	C	H	A	U	E
F	J	L	D	U	P	H	J	N	M	I
M	A	S	N	U	K	P	R	G	M	E
W	L	E	B	E	N	S	L	A	N	G

angeblich, ………

2 Im Zoo. Was passt? Kreuzen Sie an. W

a Das ist die ☒ Tigerin ○ Katze Lou. Sie ist hier im Zoo geboren und jetzt drei Jahre alt. Bitte ○ merken ○ nähern Sie sich Lou nicht!

b ○ Hirsch ○ Fuchs Ottokar ist nicht sehr kontaktfreudig und bleibt lieber in einiger ○ Entfernung ○ Geschwindigkeit. Bitte lassen Sie ihm seine Ruhe.

c Unsere ○ Hunde ○ Ziegen können Sie jedoch gern ○ füttern ○ essen !

d Ein tolles Erlebnis: Kommen Sie zur Fütterung der ○ Tintenfische ○ Delfine . Jeden Tag um 10:00 und 19:00 Uhr.

e Familienzeit bei den ○ Tauben ○ Eulen ! Sogar drei Paare haben dieses Jahr ein ○ Nest ○ Zelt gebaut und ○ Kinder ○ Nachwuchs bekommen.

3 Ergänzen Sie die Sätze. G

a Marcel arbeitet nicht nur als Lehrer, sondern ist in seiner Freizeit auch Fußballtrainer (in seiner Freizeit | Fußballtrainer | ist | auch).

b Aynur möchte sich weder bei *ExLopi* bewerben, noch ………………………… (sie | bei *TunaLog* | will | weiterarbeiten).

c Meine Katze frisst nicht nur ihr Futter, sondern ………………………… (draußen | sie | auch | fängt | Mäuse).

d Ich möchte sowohl Elefanten als auch ………………………… (Tiger | mal | sehen | in freier Natur).

4 Ordnen Sie zu. G

als auch   als auch   nicht nur   nicht nur   noch   noch   noch   sondern auch
sondern auch   Sowohl   sowohl   Weder   ~~weder~~   weder

a Kolja möchte heute *weder* ins Konzert .... ins Theater gehen, er will einfach nur fernsehen. Normalerweise mag er beides sehr gern, ... Konzerte .... Theaterstücke.

b Lisa ist Vegetarierin. Sie isst .... Fisch .... Fleisch. Jahrelang hat sie .... oft, ... gern Fisch und Fleisch gegessen.

c ○ Wohin sollen wir in den Ferien fahren? .... in Deutschland .... in Österreich regnet es. Da bekomme ich .... eine Erkältung, ... schlechte Laune!

□ Du sollst keine schlechte Laune bekommen, Schatz. Wir können doch mal woanders hinfahren: .... in Italien .... in Spanien regnet es oft.

16

5 Hören Sie Asantes Präsentation mehrmals und ergänzen Sie. K — HÖREN

Informationen über Tintenfische

a *leben im Meer*
b .... fünf Jahre ....
c .... große ....
d .... acht .... neun ....
e .... ihre Farbe ....
f haben gegen Feinde ....

Fragen der Zuhörer:innen

g ....: Bedeutet das, dass sie besonders intelligent sind?
h Warum wechseln sie ihre Farbe und das Muster? Kannst ....

Rückmeldungen zur Präsentation

i Vielen Dank, ...
j Ich habe ....
k ...., dass Tintenfische neun Gehirne haben.

6 Worum geht es in den Beiträgen? Kreuzen Sie an.

LESEN

○ um Haustiere ○ um Tiere in der Natur ○ um das Verhältnis zu einem Tier

MEIN BESONDERES TIER

Penelope Als ich vor einiger Zeit abends einen Brief weggebracht habe, stand plötzlich ein Fuchs vor mir. Er hat mich kurz angesehen und ist dann schnell weggelaufen. Kurze Zeit später habe ich ihn wieder am Briefkasten gesehen. Wenn ich in einem Dorf leben würde, in der Nähe von einem Wald, würde mich das ja nicht wundern. Aber ich wohne in Berlin, mitten in der Stadt! Vor meinem Haus ist eine große Straße. Ich frage mich: Wo schläft der Fuchs? Stört ihn das Chaos gar nicht? Wie kommt er sicher über die Straße? Ich habe ihn Sal genannt. Manchmal treffe ich Sal abends, wenn er am Briefkasten vorbeiläuft. Oder früh morgens an der Ampel, wenn ich zur Arbeit gehe. Und ich bin ganz sicher, dass er mich erkennt! 🙂

Max Viele Leute haben ja Vorurteile gegen Ratten, aber oft können sie Ratten nicht mal von Mäusen unterscheiden. Ratten sind lieb und sehr intelligent. Ich habe zwei, Patty und Lami. Man sollte mindestens zwei Ratten haben, denn sie leben nicht gern allein. Patty und Lami sind Mädchen, ich möchte ja nicht in kurzer Zeit einen ganzen Ratten-Kindergarten haben. 😉 Wenn abends Freunde vorbeikommen, laufen Patty und Lami herum und gucken uns an, das ist total süß. Sie sind sowieso eher nachts wach, das passt gut zu mir. 🙂 Aber was bei Ratten echt nervt: Sie fressen einfach alles! Wenn ich mein Ladegerät liegen lasse, machen sie es gleich kaputt.

Nikolay Ich liebe Schlangen. Sie sind elegant und hübsch. Es sieht toll aus, wenn sie fressen – alles auf einmal, als würde ein Mensch eine ganze Pizza auf einmal essen! Aber eine Schlange als Haustier ist keine gute Idee. Man kann ihr in einer Wohnung kein gutes Zuhause zu geben. Schade, aber jetzt habe ich trotzdem eine Schlange: Das ist Zmiya, sie wohnt im Zoo hier in der Nähe. „Zmiya" heißt in meiner Sprache Bulgarisch Schlange, deshalb habe ich ihr diesen Namen gegeben. Ich besuche Zmiya oft und sehe nach, ob es ihr gut geht. Die Angestellten vom Zoo kennen mich schon und lassen mich am Abend manchmal zu ihr, wenn die Besucher schon weg sind. 🙂

7 Lesen Sie noch einmal und korrigieren Sie die markierten Stellen.

a Penelope wohnt in der Nähe von einem Wald. *einer großen Straße*
b Penelope kennt den Fuchs seit vielen Jahren. ……
c Sal ist morgens oft beim Briefkasten. ……
d Patty und Lami sind männliche Ratten. ……
e Ratten schlafen vor allem in der Nacht. ……
f Die Ratten haben das Ladekabel schmutzig gemacht. ……
g Nikolay ist sehr hübsch. ……
h Zmiya lebt in Nikolays Wohnung. ……
i Die Besucher des Zoos kennen Nikolay gut. ……

1 Ergänzen Sie die Beiträge wie im Beispiel.

A

B

C

D

E

F
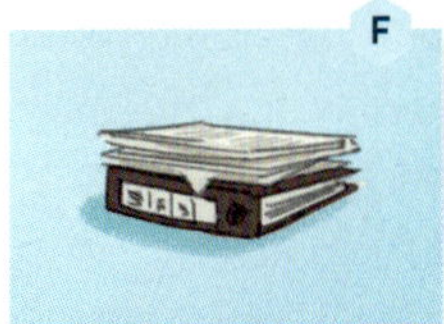

G

H

I

www.diejobseite.net

So habe ich meinen Job gefunden

Aldo Bei mir war es schwierig mit der Jobsuche, weil ich meine Ausbildung nicht zu Ende gemacht habe und verschiedene Jobs hatte. Ich wollte unbedingt mal eine gute Stelle finden! Nach einer langen Recherche (A) im Internet habe ich eine interessante .... (B) gefunden. Ich habe bei der Firma erstmal ein Praktikum gemacht und konnte dann mit einem festen Vertrag anfangen. 👍

Bill Ich finde Bewerbungen furchtbar! Für das .... (C) brauche ich meistens eine ganze Woche, meine Freunde sind dann immer schon total genervt. Leider habe ich sehr oft .... (D) bekommen, also waren meine Bewerbungen wahrscheinlich schlecht. ☹ Den Job, den ich jetzt habe, liebe ich sehr. Als ich die Anzeige gesehen habe, war mir gleich klar, dass das eine super Stelle ist. Für die Bewerbung habe ich also ein Coaching gemacht. Teuer, aber sehr nützlich! Ich habe den Job bekommen, die .... (E) bestanden – alles super.

Eva In der Wissenschaft sind freie Stellen sehr selten, da muss man nicht lange im Internet suchen. Als ich gehört habe, dass in meinem Fach eine Stelle in New York frei wird, habe ich gleich meine .... (F) an die Universität gemailt. Das .... (G) fand dann online statt. Es war ein sehr nettes Gespräch und ich habe den Job bekommen!

Lena Meinen Job im Verlag habe ich eigentlich durch einen Zufall bekommen. Auf einer Buchmesse habe ich mich mit einer sehr netten Frau unterhalten und sie irgendwann einfach gefragt, ob ich mich bewerben kann. Wir haben vereinbart, dass ich meinen .... (H) und die anderen Unterlagen schicke, und sehr bald wurde ich zu einem Gespräch eingeladen. Die nette Frau war meine zukünftige Chefin, und für den Job habe ich eine .... (I) bekommen. ☺

2 Was passt zusammen? Verbinden Sie.

1	sich beschäftigen	a	testen
2	sich bewerben	b	benutzen
3	hinweisen auf	c	einen Film machen
4	prüfen	d	eine Bewerbung schicken
5	drehen	e	etwas tun
6	anwenden	f	sagen: das ist jetzt okay so
7	sich entwickeln	g	zeigen
8	akzeptieren	h	besser werden

3 Lesen Sie das Telefonat und ordnen Sie zu. K

Sind Sie offen | möchte ich gern meine Kenntnisse | Es macht mir große Freude | ~~Im Internet habe ich gesehen~~ | In meiner Freizeit beschäftige ich mich | bei mehreren Praktika Erfahrung sammeln | ich bin überzeugt | Fähigkeiten weiterentwickeln

- ○ Im Internet habe ich gesehen (a), dass Sie einen Ingenieur für Elektrotechnik suchen. Die Stelle interessiert mich sehr und .... (b), dass ich gut in Ihr Unternehmen passe.
- □ Das freut uns. Welche Qualifikationen haben Sie?
- ○ Vor einem Jahr habe ich an der Technischen Universität Dresden meinen Master in Elektrotechnik gemacht. Für die Abschlussarbeit habe ich einen Preis bekommen. Seitdem konnte ich .... (c) und habe dabei gelernt, neueste Methoden direkt anzuwenden. In Ihrer Firma .... (d) und .... (e).
- □ Wie Sie in der Stellenanzeige gesehen haben, geht es um ein sehr großes Projekt. .... (f) für eine solche Herausforderung?
- ○ Unbedingt! .... (g), Neues zu lernen.
- □ Ich würde Sie gern kennenlernen. Schicken Sie uns doch bitte Ihre Unterlagen zu.
- ○ Sehr gern!
- □ Noch eine Frage: Was interessiert Sie außerhalb der Arbeit?
- ○ .... (h) mit Fotografie, letztes Jahr hatte ich eine kleine Ausstellung. Außerdem mache ich viel Sport.

4 Wie kann man auch sagen? Schreiben Sie. K

Hi Pantelis! Ich hab' da so'ne (so eine) (a) Anzeige gesehen, ... (für einen) (b) Job, der mich interessiert.

Und? Bewirb dich doch, Till!

Ich weiß nicht. Die .... (wollen) (c) total viele Unterlagen.

.... (Sollen) (d) wir uns das mal zusammen .... (ansehen) (e)?

5 Was passt? Kreuzen Sie an. G

a Es gibt nichts, ☒ was ○ wo mich nicht interessiert.
b Ich war auf einem Konzert, ○ was ○ wo eine tolle neue Band gespielt hat.
c Mein neuer Chef macht einiges, ○ was ○ wo mich echt nervt.
d Zum Glück ist vieles, ○ was ○ wo mir in dem Geschäft gefällt, nicht teuer.
e In dem Geschäft, ○ was ○ wo ich oft einkaufe, gibt es tolle Klamotten.
f Wir mochten das Hotel, ○ was ○ wo wir letztes Jahr Urlaub gemacht haben.
g Er hat in der U-Bahn etwas vergessen, ○ was ○ wo ihm wichtig ist.

6 Das Paradies-Hotel. Ergänzen Sie wie im Beispiel. G

Das Paradies-Hotel

Das Paradies-Hotel ist ein Ort, wo Sie alles vergessen können, was Sie nervt (alles | was | wo) (a)!

Lassen Sie es sich in den herrlichen Zimmern gut gehen: ________, ________ Sie zu Hause lieben, ________ Ihnen hier (fehlt | nichts | was) (b): ein gemütliches Sofa, eine große Badewanne, ein wunderbarer Balkon ...

Oder lassen Sie Ihre Sorgen doch ________ Strand liegen, ________ das Wasser sie ________ ins Meer nimmt (am | mit | wo) (c).

Im Hotel gibt es auch eine Küche, ________ Sie ________ nicht kochen müssen (aber | wo) (d), da wir Ihnen ________ bringen, ________ Sie essen möchten (alles | was) (e).

Fahrräder sind etwas Schönes, ________ man ________ vermissen möchte (nicht | was) (f), nicht wahr? Ja, das finden wir auch! Haben Sie auch hier volles Vertrauen in Ihr Paradies-Hotel, ________ Sie sich zu jeder Tageszeit ein Rad ausleihen können, ________ Ihnen gefällt! (das | wo) (g)!

7 Hören Sie den Chat mehrmals und sortieren Sie die Zitate. HÖREN

17

- ◯ Außerdem ist es mir wichtig, in einem internationalen Team zu arbeiten.
- ◯ Welche Ausbildung und welche Berufserfahrung hast du?
- ◯ Ich verstehe dich, Marcia, das geht vielen so.
- ◯ Ich habe den Eindruck, dass das alles ganz gut passt.
- ◯ Und alle Mitarbeiterinnen und Mitarbeiter haben die Möglichkeit, an Konferenzen im In- und Ausland teilzunehmen.
- (1) Wie darf ich dich ansprechen?
- ◯ Wie sieht die ideale Stelle für dich aus?
- ◯ Dann vergiss nicht, gleich deine Unterlagen hochzuladen, Marcia!
- ◯ In dieser Zeit habe ich mehrere Fortbildungen besucht und Zertifikate im Bereich Künstliche Intelligenz bekommen.
- ◯ Du kannst deine Unterlagen nach unserem Gespräch auch direkt hier hochladen.

8 Was passt? Hören Sie noch einmal und kreuzen Sie an.

17

- a Marcia möchte sich bei *IT Convex* bewerben. ☒
- b Bobo stellt Marcia Fragen. ◯
- c Marcia hat in Spanien studiert. ◯
- d Die Zertifikate im Bereich KI hat Marcia an der Uni gemacht. ◯
- e Marcia sagt, dass internationale Teams viel interessanter sind. ◯
- f Marcia hat den Eindruck, dass Bobo und sie gut zueinander passen. ◯
- g Bobo sagt, dass die Angestellten nur an Konferenzen im Inland teilnehmen können. ◯
- h Bobo dankt Marcia für ihre Bewerbung. ◯

1 Was passt nicht? Streichen Sie durch. (W)

a ~~Darstellerin~~ – Streit – Zorn
b Liebesbeziehung – Gedanke – Begründung
c Liebe – Intelligenz – Sehnsucht
d Lebenspartnerin – Titel – Liebesgeschichte
e Streit – Krieg – Entwicklung
f Sehnsucht – Herzklopfen – Krise

2 Was passt? Kreuzen Sie an. (W)

www.filmtipps.de

In dem Film *Wüstenliebe* aus dem Jahr 2007 geht es um die junge Ärztin Anna. Sie arbeitet für eine Organisation, die auf allen Kontinenten bei Krisen und ☒ Kriegen ○ Zorn (a) hilft. Der Film spielt im Jahr 1990. Anna arbeitet in einem kleinen Kinderkrankenhaus in der Wüste. In dem Land ist ○ Streit ○ Krieg (b), aber sie möchte den Kindern helfen, egal, wie gefährlich es ist.
Anna ist ○ beeindruckt ○ bemüht (c) von dem jungen Lehrer Didier, der jeden Tag ins Krankenhaus kommt, um mit den Kindern zu lernen und zu spielen. Als sie eines Tages ○ weinen ○ lachen (d) muss, weil es einem kleinen Patienten sehr schlecht geht, kommt Didier, spricht mit ihr und ○ prüft ○ umarmt (e) sie, damit sie nicht mehr so traurig ist. Die nächsten Tage muss sie ständig an Didier denken. Sie ○ versucht sich ○ bemüht sich (f), sich auf die Arbeit zu konzentrieren und ihn zu vergessen.
Aber es hilft nichts: Anna erkennt, dass sie sich ○ verliebt ○ geliebt (g) hat.
Und Didier? Auch er muss ständig an Anna denken. Er möchte sie ○ glücklich machen ○ wahrnehmen (h) und nicht mehr weinen sehen. Sie ○ flirten ○ kämpfen (i) miteinander. Und an einem schönen Abend ○ küssen ○ beschäftigen (j) sie sich. Anna und Didier haben trotz der schrecklichen Situation um sie herum eine wunderbare Zeit miteinander.
Sie lieben sich und das gibt ihnen Kraft.
Doch dann bekommt Anna die Nachricht, dass sie in ein anderes Land gehen muss. Die ○ Darstellung ○ Organisation (k) braucht sie dringend. Soll sie sich für ihren Beruf entscheiden oder für Didier? Wir erfahren nicht, wie sie sich entscheidet, denn der Film hat ein offenes Ende.
Wüstenliebe ist ein wunderbarer Film mit tollen ○ Ärzten ○ Darstellern (l)!

3 Schreiben Sie die Sätze mit *lassen*. (G)

a Agathe schreibt E-Mails nicht selbst. Ihre Assistentin macht das.
Agathe lässt E-Mails von ihrer Assistentin schreiben.

b Ich habe keine Lust einzukaufen, meine Mitbewohner machen das für mich.

c Meine Fenster putze ich nicht selbst, sie werden von einer Firma geputzt.

d Wenn wir verreisen, buchen wir das Hotel nicht selbst. Ein Reisebüro macht das.

e Mein Freund geht nicht ins Restaurant, ein Lieferservice bringt ihm das Essen.

4 Hannes bewirbt sich. Schreiben Sie die Sätze ohne *lassen*. G

a Zuerst ruft Hannes in der Firma an und lässt sich von einem Mitarbeiter in der Personalabteilung Informationen geben.
Der Mitarbeiter gibt Hannes Informationen.

b Am nächsten Tag ruft er seinen Coach an und lässt sich Tipps geben.

c Danach lässt er von einer Künstlichen Intelligenz das Anschreiben schreiben.

d Das Anschreiben lässt Hannes von seinem besten Freund verbessern.

e Am Ende lässt er die fertige Bewerbung von seinem Sohn auf die Firmenwebseite hochladen.

f Und dann? Die Geschäftsführung lässt die Personalabteilung eine Absage schicken.

5 Lesen Sie die Werbung und ordnen Sie die Überschriften zu. LESEN

Bist du bereit? Deshalb sind wir besonders: Dann bist du bei uns genau richtig!
~~Dein Weg zur großen Liebe~~

Wie im Film – Dein Weg zur großen Liebe

- Du suchst schon lange nach der großen Liebe?
- Du möchtest dich endlich mal wieder verlieben?
- Du suchst einen Menschen, mit dem du dein Leben teilen kannst?

Wir helfen dir, eine Person zu finden, die zu dir passt, die dich glücklich macht und dein Leben schöner. Damit du eine Liebe wie im Film erlebst.

Mit unseren Tests und Algorithmen sehen wir sehr genau, ob zwei Menschen zusammenpassen. Außerdem achten wir darauf, dass es keine falschen Profile gibt und unsere Nutzer*innen keine unangenehmen Nachrichten verschicken. So kannst du ganz entspannt chatten und flirten. Ein weiterer Vorteil: Im Vergleich zu anderen Dating-Apps ist *Wie im Film* sehr günstig.

Dann melde dich jetzt kostenlos an und starte deine Reise zu einer wunderbaren Liebesbeziehung!
Hier geht's zum kostenlosen Probe-Abo

6 Lesen Sie noch einmal und korrigieren Sie die markierten Stellen.

a *Wie im Film* ist für Menschen, die neue Freunde suchen. eine/n Lebenspartner/in
b Die App hilft, einen Menschen zu suchen, der einen glücklich macht.
c Die App benutzt Filme und Algorithmen, um zu sehen, ob zwei Menschen zusammenpassen.
d Auf *Wie im Film* gibt es keine falschen Nachrichten.
e Die Nutzer und Nutzerinnen können beim Chatten verliebt sein.
f Das Abo für *Wie im Film* ist kostenlos.

7 Lesen Sie die Beiträge. Welche Aussage passt zu wem?

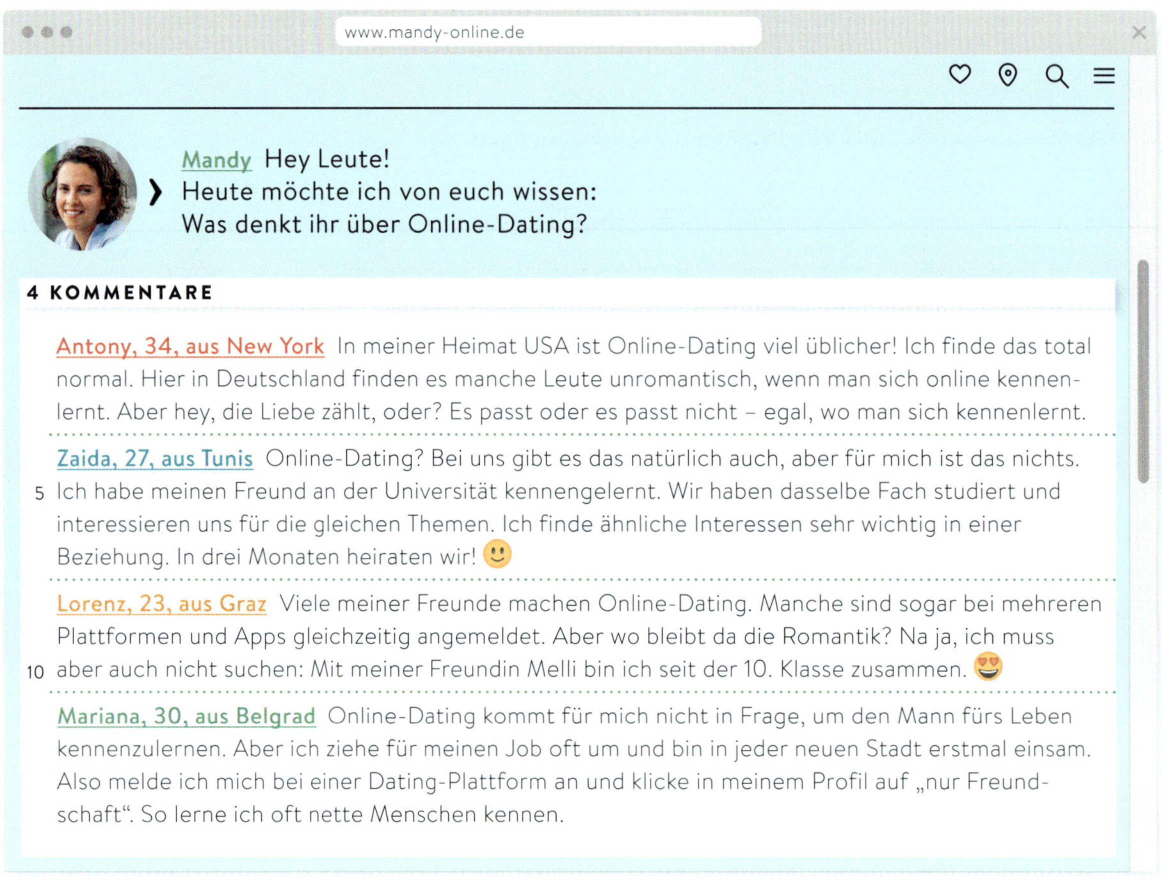

www.mandy-online.de

Mandy Hey Leute!
Heute möchte ich von euch wissen:
Was denkt ihr über Online-Dating?

4 KOMMENTARE

Antony, 34, aus New York In meiner Heimat USA ist Online-Dating viel üblicher! Ich finde das total normal. Hier in Deutschland finden es manche Leute unromantisch, wenn man sich online kennenlernt. Aber hey, die Liebe zählt, oder? Es passt oder es passt nicht – egal, wo man sich kennenlernt.

Zaida, 27, aus Tunis Online-Dating? Bei uns gibt es das natürlich auch, aber für mich ist das nichts. Ich habe meinen Freund an der Universität kennengelernt. Wir haben dasselbe Fach studiert und interessieren uns für die gleichen Themen. Ich finde ähnliche Interessen sehr wichtig in einer Beziehung. In drei Monaten heiraten wir! 🙂

Lorenz, 23, aus Graz Viele meiner Freunde machen Online-Dating. Manche sind sogar bei mehreren Plattformen und Apps gleichzeitig angemeldet. Aber wo bleibt da die Romantik? Na ja, ich muss aber auch nicht suchen: Mit meiner Freundin Melli bin ich seit der 10. Klasse zusammen. 😍

Mariana, 30, aus Belgrad Online-Dating kommt für mich nicht in Frage, um den Mann fürs Leben kennenzulernen. Aber ich ziehe für meinen Job oft um und bin in jeder neuen Stadt erstmal einsam. Also melde ich mich bei einer Dating-Plattform an und klicke in meinem Profil auf „nur Freundschaft". So lerne ich oft nette Menschen kennen.

a Zaida + ______ Eine Liebesbeziehung suche ich nicht online.
b ______ Es ist nicht wichtig, wo man jemanden kennenlernt.
c ______ Über Online-Dating kann man viele Leute kennenlernen.
d ______ + ______ Ich bin schon in einer Liebesbeziehung.
e ______ In Deutschland ist Online-Dating nicht so beliebt wie bei uns.
f ______ Ich finde Online-Dating unromantisch.
g ______ Manche Leute benutzen verschiedene Dating-Apps und -Plattformen.

8 Schreiben Sie einen eigenen Beitrag wie in Aufgabe 7. SCHREIBEN

Online-Dating

9 Was sagt der Mann? Hören Sie und kreuzen Sie an. K

18

- a Er entschuldigt sich. ☒
- b Er ist wütend, dass seine Frau und er gestritten haben. ○
- c Sie ist die einzige Frau, die er je geliebt hat. ○
- d Sie ist sehr humorvoll und lacht gern. ○
- e Er möchte abends mit ihr kochen. ○
- f Er kann sich keine bessere Ehefrau vorstellen. ○

1 Haustiere

a Lesen Sie den Artikel und ergänzen Sie die Aussagen.

www.faktendestages.de

Heute in *FAKTEN DES TAGES*: Haustiere

Viele Menschen in Deutschland haben eines, besonders Kinder wünschen sich eines, manche haben sogar zwei: Haustiere. In fast der Hälfte aller deutschen Haushalte lebt ein Haustier. Am beliebtesten sind – wie in den meisten anderen europäischen Ländern auch – Katzen. Ungefähr 15 Millionen Katzen leben in deutschen Wohnungen und Häusern. Die Nummer 2 sind Hunde: Knapp 10 Millionen von ihnen sind im Land zu Hause. Beliebt sind auch Vögel und Kleintiere wie Hasen. Nicht wenige Leute haben Fische – rund 2 Millionen von ihnen schwimmen in deutschen Haushalten. Haustiere sind für viele Menschen wie ein Familienmitglied. Studien haben gezeigt, dass Haustierbesitzer oft zufriedener sind und sich weniger gestresst fühlen. Gerade Hundebesitzer bewegen sich auch mehr, das ist gut für die Gesundheit.

Natürlich muss die große Frage gestellt werden: Hund oder Katze? Zu den Fakten des Tages nun also die Frage des Tages: Hund oder Katze? Sehen Sie hier, was unsere Leser:innen dazu sagen.

5 KOMMENTARE

Norman Hunde sind definitiv besser! Man kann sie in den Urlaub mitnehmen, Katzen nicht.

Yunis Katzen … Nee, nee. Ein Hund ist eine tolle Sache! Mein Hund Luke geht mit mir joggen, guckt mit mir Videos, er kommt sogar mit, wenn ich Freunde treffe.

Martha Ich sehe das wie du, Yunis: Ein Hund ist ein echter Freund. Und als Hundebesitzer lernt man außerdem oft neue Leute kennen.

Valeria Wir haben zwei Katzen und lieben sie. Wenn ich abends auf dem Sofa sitze, links mein starker Mann, rechts eine warme, weiche Katze … wunderbar! Die Katzen sind auch total geduldig mit unseren beiden kleinen Kindern. Die beiden ärgern die Katzen manchmal, aber denen ist das egal.

Carlo Ganz klar sind Katzen besser! Ich würde mir nie einen Hund kaufen, die sind laut und riechen oft schlecht. Man muss auch bei Regen und Sturm mit ihnen vor die Tür.

1 In fast der Hälfte der deutschen Haushalte lebt ein Tier.
2 In den meisten europäischen Ländern sind ______ am beliebtesten.
3 In deutschen Haushalten leben fünf Millionen mehr ______ als ______.
4 Menschen, die ______ haben, sind oft zufriedener.
5 Die Bewegung tut den ______ gut.

b Was ist richtig? Lesen Sie noch einmal und kreuzen Sie an.

1 Norman sagt, dass Katzen zu Hause bleiben müssen. ☒
2 Yunis' Hund kommt mit ins Sportstudio. ○
3 Martha lernt durch ihren Hund Leute kennen. ○
4 Valeria findet Katzen gemütlich. ○
5 Carlo findet Katzen unangenehm. ○

2 Hund oder Katze? Was überzeugt Sie am meisten? Markieren Sie im Text und schreiben Sie warum.

Das Argument stimmt: Man muss eigentlich zu Hause bleiben, wenn man eine Katze hat. Sonst muss man eine andere Person finden, die die Katze füttert.

1 Was passt? Verbinden Sie.

1 das Auto mit einem Kredit
2 bei einer Behörde / Hotline
3 den Koffer im Flur
4 die Kreditkarte
5 sich bei einer Freundin
6 Geld am Automaten

a nachfragen
b sperren lassen
c abheben
d melden
e finanzieren
f abstellen

2 Ergänzen Sie die fehlenden Buchstaben und lösen Sie das Dominorätsel.

3 Ein Wasserschaden. Ordnen Sie zu.

Absicht Beratung beschädigt Kaffeeküche dankbar erkundigt Gebiet Hinweis Vermieter Versicherung ~~verursacht~~

www.forum-fuer-rechtsfragen.de

Conny Ich brauche dringend eure Hilfe! Als wir vor zwei Tagen von einer Wochenend-Reise zurückgekommen sind, war überall in unserem Wohnzimmer Wasser! Es hat einen großen Schaden *verursacht* (a), viele Möbel sind ………… (b). Und wir haben nicht mal eine ………… (c)! Wahrscheinlich kam das Wasser von der Agentur nebenan. Der ………… (d) sagt, dass die immer wieder Probleme mit der Spülmaschine in ihrer ………… (e) haben und er ziemlich genervt ist. Er denkt aber nicht, dass es ………… (f) war. Mein Freund hat sich ………… (g), wo wir einen Anwalt mit Schwerpunkt auf dem ………… (h) Wohnungsschäden finden können. Die Suche war bisher leider erfolglos. Kann mir jemand von euch einen Tipp geben? Wir brauchen dringend eine gute ………… (i). Ich bin euch für jeden ………… (j) sehr ………… (k)!
LG Conny

Ilay Macht euch wegen der Kosten keine Sorgen. Das muss die Versicherung der Agentur zahlen.

Pumluck Was für Idioten! Als wäre es so schwierig, eine Spülmaschine zu benutzen.

Annika Oh nein, ihr Armen! Ich kann euch einen Anwalt mit diesem Fachgebiet empfehlen: Dr. Gerd Maurer

4 Lesen Sie das Forum in Aufgabe 3 noch einmal. Was ist richtig? LESEN

a ◯ Conny sucht einen Anwalt. In ihrer Wohnung gibt es einen Wasserschaden, weil die Spülmaschine kaputt gegangen ist. Die Versicherung zahlt nicht.

b ◯ In Connys Wohnung wurden viele Möbel durch Wasser beschädigt. Das Wasser kam wahrscheinlich aus der Agentur nebenan.

5 Schreiben Sie den folgenden Kommentar zu Connys Beitrag. SCHREIBEN

Schaden selbst verursacht | Waschmaschine kaputt | Anwalt kenne ich (nicht) | Mein Tipp für euch ...

Bei uns ist das auch mal passiert. Der Schaden war

6 Was ist richtig? Kreuzen Sie an. G

a Wir haben ☒ zwar ◯ entweder eine Versicherung, ◯ oder ☒ aber sie zahlt nicht.

b ◯ Zwar ◯ Je mehr Geld du hast, ◯ desto ◯ aber mehr Zinsen bekommst du.

c Man kann bei uns ◯ entweder ◯ je bar ◯ oder ◯ aber mit Karte bezahlen.

d Ich hätte ◯ zwar ◯ entweder gern einen Hund, ◯ oder ◯ aber dann müsste ich auch bei Regen raus gehen.

e ◯ Desto ◯ Je mehr Bargeld in der Geldbörse ist, ◯ aber ◯ umso schwerer ist sie.

f Ich habe ◯ zwar ◯ je eine Kreditkarte, ◯ oder ◯ aber ich versuche trotzdem, immer bar zu bezahlen.

g Wir können ◯ entweder ◯ zwar ins Restaurant gehen ◯ aber ◯ oder selbst kochen.

h ◯ Je ◯ Zwar öfter man eine Beratung bekommt, ◯ desto ◯ aber mehr Informationen hat man.

7 Stress! Schreiben Sie Sätze. G

a Man kann nicht alles haben, Vitalina! Es gibt nicht nur Spaß, sondern auch Pflichten.
entweder | du | dein Zimmer | räumst | auf | oder | gehst | du | nicht | zur Party
Entweder räumst du dein Zimmer auf, oder du gehst nicht zur Party.

b Außerdem musst du dringend für die Mathearbeit lernen. Sieh es doch ein:
je | du | mehr | lernst | desto | du | später | leichter | einen Job | bekommst

c du | zwar | den ganzen Tag | auf Social Media | kannst | verbringen, aber | dann | später | du | hast | schlechte Chancen

d je länger | so | das | weitergeht | sicherer | desto | eine Fünf | du | bekommst

8 Welche Wörter fehlen? Lesen Sie das Gespräch und ergänzen Sie. K

○ Hallo Mariza! Bestimmt kannst du mir helfen, du hast doch bei deinem Job viel mit Geld zu tun. Es geht um einen Kredit …

□ Einen Kredit? Damit kenne ich mich (a) leider auch nicht so gut aus, Lukas. Also, wichtig ist erstmal, dass du zwei M ______ (b) hast.

○ Ja? Welche denn?

□ Moment, langsam … Du kannst den Kredit e ______ (c) für einen bestimmten Zweck aufnehmen, zum Beispiel für ein Auto, oder du beantragst einen allgemeinen Kredit. Mit dem Geld kannst du dann eine Reise machen, ein Musikinstrument kaufen oder was auch immer. Das ist z ______ (d) schön, a ______ (e) für diese Kredite muss man meistens etwas mehr Zinsen zahlen.

○ Es geht bei mir um ein Fahrrad. Ein richtig tolles Fahrrad, aber leider ist es eben auch sehr teuer.

□ Dann solltest du unbedingt die erste Alternative wählen. Und du bist doch auch bei der Flexo-Bank, oder? S ______ (f) ich weiß, haben die ziemlich günstige Kredite.

○ Echt? Das ist ja super! Genau, ich bin bei der Flexo-Bank.

□ Zum Thema Kredit kannst du dich auch bei Vergleichsportalen im Internet e ______ (g). Ich schicke dir nachher einen Link.

○ Danke, Mariza! Das ist echt nett, du hast mir sehr geholfen!

□ Gern. Und wenn du nicht w ______ (h), kannst du dich gern noch mal m ______ (i).

19 **9 Hören Sie und sprechen Sie die Rolle von □ aus Aufgabe 8.** K

20 **10 Was ist wo? Hören Sie und ordnen Sie zu.** HÖREN

das Deutschbuch · die Girocard · die Geldbörse · ~~das Handy~~ · der Kugelschreiber · die Münzen · der Pass · die Scheine · die Sonnenbrille · der Studierendenausweis · die Gesundheitskarte · das Visum

in der Hosentasche: das Handy

im Rucksack: ______

in der Geldbörse: ______

zu Hause: ______

11 Hören Sie noch einmal und kreuzen Sie an: *richtig* oder *falsch*?

		richtig	falsch
a	Walid war im Kino.	☒	○
b	Walid ist Student.	○	○
c	Er hatte viel Bargeld in der Geldbörse.	○	○
d	Tim bietet Walid Hilfe an.	○	○
e	Walid hat einen Brief an die Krankenkasse geschickt.	○	○
f	Den Studierendenausweis muss er sperren lassen.	○	○

17

1 Lösen Sie das Rätsel.

2 Ergänzen Sie in Aufgabe 1 ◆◆◆ wie im Beispiel.

3 Bilden Sie noch sechs Wörter und ordnen Sie zu.

~~Flä~~ wal ta lich far ~~che~~ le keit An ge sie gal Öffent big walt vollen ver tung lungen fan

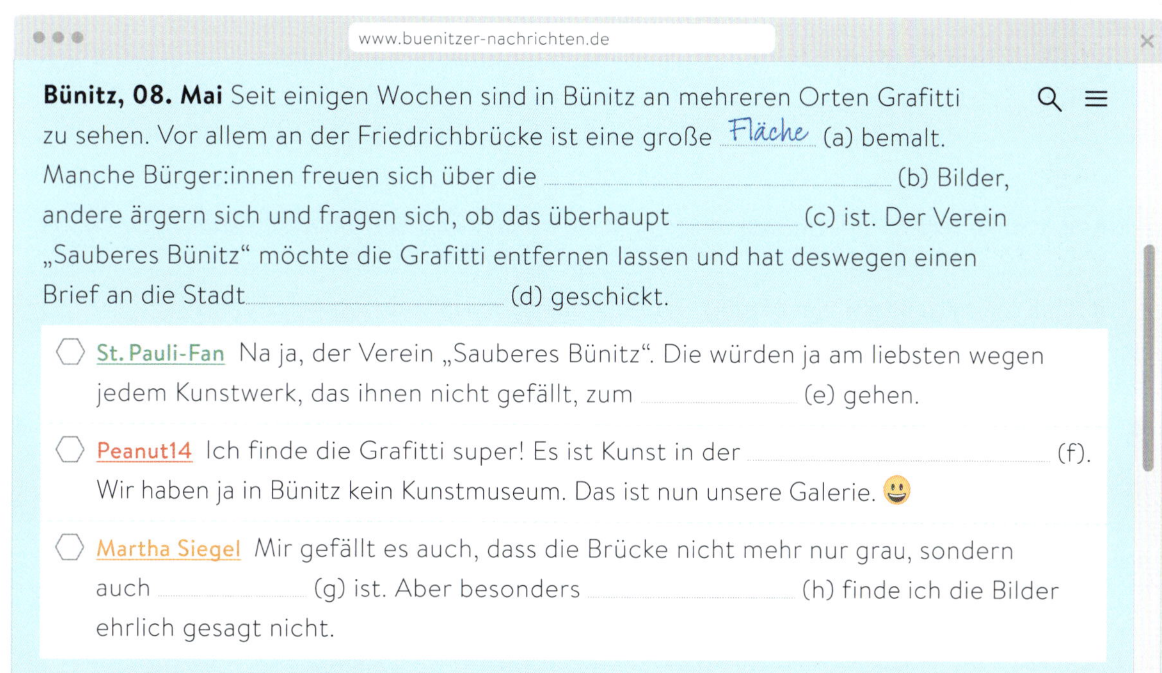

www.buenitzer-nachrichten.de

Bünitz, 08. Mai Seit einigen Wochen sind in Bünitz an mehreren Orten Grafitti zu sehen. Vor allem an der Friedrichbrücke ist eine große Fläche (a) bemalt. Manche Bürger:innen freuen sich über die .... (b) Bilder, andere ärgern sich und fragen sich, ob das überhaupt .... (c) ist. Der Verein „Sauberes Bünitz" möchte die Grafitti entfernen lassen und hat deswegen einen Brief an die Stadt .... (d) geschickt.

St. Pauli-Fan Na ja, der Verein „Sauberes Bünitz". Die würden ja am liebsten wegen jedem Kunstwerk, das ihnen nicht gefällt, zum .... (e) gehen.

Peanut14 Ich finde die Grafitti super! Es ist Kunst in der .... (f). Wir haben ja in Bünitz kein Kunstmuseum. Das ist nun unsere Galerie. 😃

Martha Siegel Mir gefällt es auch, dass die Brücke nicht mehr nur grau, sondern auch .... (g) ist. Aber besonders .... (h) finde ich die Bilder ehrlich gesagt nicht.

4 Was passt nicht? Streichen Sie durch.

a ~~Bereich~~ – Werk – Fotografie
b politisch – demokratisch – vegetarisch
c Frucht – Publikum – Gebäck

5 Schreiben Sie die markierten Wörter mit *miss*. G

Die Stimmung in unserer Firma ist nicht gut, es gibt eine Missstimmung (a) unter den Kolleginnen und Kollegen. Außerdem ist der Chef schlecht. Er macht kein Management, sondern .... (b). Daher gelingen uns auch nur wenige Projekte, die meisten .... (c). Der Ärger über die Arbeit und die Freude an der Arbeit stehen in keinem Verhältnis mehr, da ist ein großes .... (d). Ich möchte kündigen.

6 Im Museum. Was ist richtig? Kreuzen Sie an. G

Willkommen zu unserer Führung! Das erste Werk ist ein Gemälde aus dem Jahr 1962. Kommen Sie gern näher, ☒ sodass ○ indem (a) Sie alle gut sehen können. Das Bild zeigt Steven Adler, den Mann, mit dem die Künstlerin in ihrer New Yorker Zeit eine Liebesbeziehung hatte. ○ Sodass ○ Indem (b) sie das Gemälde über ein Foto gemalt hat, verbindet sich der Körper des Mannes mit der Stadt. Die Künstlerin hat diese Technik in den 60er-Jahren häufiger verwendet, ○ sodass ○ indem (c) wir sagen können, dass dieses Gemälde typisch für ihre Kunst dieser Zeit ist. Sie können mehr über das Bild und die Künstlerin erfahren, ○ sodass ○ indem (d) Sie nach unserer Führung bei Ihrem Audio-Guide die Nummer 5 drücken. Nun kommen wir zu unserem nächsten Werk. Sie sehen hier eine Zeichnung der Künstlerin aus demselben Jahr. Die beiden Werke hängen direkt nebeneinander, ○ sodass ○ indem (e) Sie den großen Unterschied im Stil erkennen können. Auch dieses Werk zeigt Steven Adler, aber ○ sodass ○ indem (f) die Künstlerin nur sein Gesicht zeigt, bekommen wir hier einen ganz anderen Eindruck von ihm.

7 Was passt? Verbinden Sie. G

1 Es hat sehr stark geregnet,
2 Wir können Geld sparen,
3 Wir gehen früh schlafen,
4 Wir besprechen alles,
5 Wir haben Deutsch gelernt,
6 Wir tun etwas für die Umwelt,
7 Wir können fit bleiben,
8 Der Zug hatte keine Verspätung,
9 Unser Baby war sehr müde,

a indem wir seltener im Restaurant essen.
b indem wir viel Gemüse essen und Sport machen.
c indem wir Bücher gelesen haben.
d sodass wir am nächsten Tag nicht müde sind.
e sodass wir keinen Ausflug gemacht haben.
f sodass es sofort eingeschlafen ist.
g sodass wir meistens eine gute Lösung finden.
h indem wir weniger Auto fahren.
i sodass wir pünktlich angekommen sind.

8 In der Ausstellung. Wie finden Smilla und Leo die Gemälde? Ordnen Sie zu. K

21

berührend | sehr cool | extrem gut | hässlich | nichts Neues | gewöhnlich | ~~toll~~ | ungewöhnlich | verrückt | enttäuschend | unmöglich

	Gemälde von Luzio Mint	Gemälde von Interfox
Smilla	toll,	
Leo		

9 Lesen Sie den Text und ordnen Sie die Abschnitte zu. LESEN

1 Touren durch die Stadt ~~2 Kunststadt Berlin~~ 3 Tickets buchen 4 Besondere Kunstwerke

besteorte.de/berlin/street-art

BESTE-ORTE-BLOG

Street-Art in Berlin: Eine bunte Reise durch die Hauptstadt

(2) Berlin ist bekannt für seine lebendige Kunstszene. Es gibt wahnsinnig viele Museen mit berühmten Gemälden, Skulpturen, Fotografien und anderen Kunstwerken. Wir finden aber: Nicht nur das, was im Museum hängt, ist Kunst. Street-Art und Grafitti sind genauso wichtig, schön und interessant: Street-Art ist Freiheit und Kreativität. Die Kunstwerke sind oft politisch, kritisch und bringen uns zum Nachdenken. Sie zeigen die vielen Gesichter Berlins und machen die Stadt lebendig und spannend.

( ) Überall in der Stadt gibt es tolle Wandbilder an Gebäuden, Brücken, Haltestellen. Hier solltest du unbedingt hingehen, wenn du dich für Street-Art interessierst:

East Side Gallery: Dieser Teil der Berliner Mauer ist heute eine Galerie unter freiem Himmel. Künstler aus der ganzen Welt haben die Mauer bemalt. Ein berühmtes Bild ist der „Bruderkuss" von Dmitri Wrubel (1960-2022).

Kreuzberg: Dieser Stadtteil ist bekannt für Street-Art. Besonders entlang der Oranienstraße und rund um den Görlitzer Park gibt es fantastische Wandbilder. Ein Spaziergang durch Kreuzberg ist wie ein Besuch in einem großen Museum.

RAW-Gelände: Im Stadtteil Friedrichshain ist das RAW-Gelände. Früher war es ein Industriegebiet, heute ist es ein Ort für alternative Kultur. Es gibt hier Clubs, Bars und viele Graffitis und Street-Art-Kunstwerke.

( ) **So kannst du Street-Art-Kunstwerke entdecken:**

Allein: Wer lieber alleine unterwegs ist, kann durch die Stadt laufen und die Augen offenhalten. Besonders in Kreuzberg, Friedrichshain und Mitte gibt es viel zu sehen. Es kann allerdings sein, dass du viel laufen musst, denn die Stadt ist groß!

In der Gruppe mit einer Führung: Es gibt Anbieter, die Street-Art-Führungen durch Berlin machen. Diese Touren sind eine gute Möglichkeit, mehr über die Künstlerinnen und Künstler und die Geschichten hinter den Kunstwerken zu erfahren.

( ) Angebote für Führungen

Und bitte denk daran: Street-Art ist Kunst. Es ist wichtig, die Kunstwerke nicht zu beschädigen.

10 Lesen Sie noch einmal und ergänzen Sie die Sätze.

a In Berlin gibt es viele Museen mit berühmten Kunstwerken.
b Die Street-Art-Werke sind oft ______ und kritisch.
c Berühmte Street-Art-Werke sind an der früheren ______ zu sehen.
d In Kreuzberg sind rund um einen ______ sehr viele Wandbilder zu sehen.
e Ein Zentrum für alternative Kunst mit viel Street-Art ist im Stadtteil ______.
f Man kann eine ______ durch die Stadt machen und viele Infos über Street-Art bekommen.

18

1 Im Krankenhaus. Ergänzen Sie die fehlenden Buchstaben. W

a der Notfall

b der O______-
______-
______

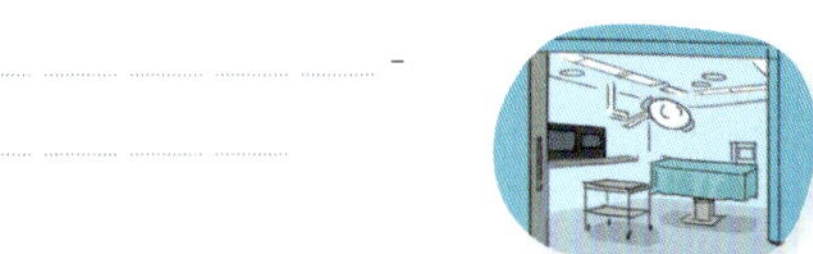

c die V______-
______

d das S______-
______

e der P______

f die N______-
______

g der K______-
______

h die U______-
______

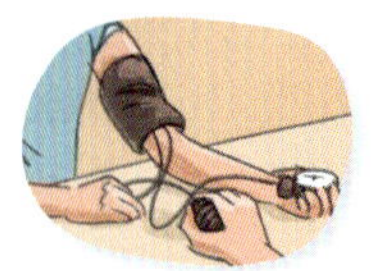

2 Was denken Sie? Welche dieser Wörter gibt es? W

a ☒ Stationsärztin / Stationsarzt
b ○ Grippeverband
c ○ Notfallsprechstunde
d ○ Schmerztherapie
e ○ Angehörigenwagen
f ○ Notoperation
g ○ Rezeptbehandlung
h ○ Wundverband
i ○ Verletzungspraxis
j ○ Intensivstation

3 Was passt nicht? Streichen Sie durch. W

a verschreiben – versorgen – ~~rennen~~
b impfen – zusammenfassen – behandeln
c begleiten – leiden (an) – erkältet sein
d medizinisch – theoretisch – praktisch

4 Ergänzen Sie mit Wörtern aus Aufgabe 3. W

Ich bin oft erkältet (a), bekomme aber nie eine Grippe. Schade, dass man sich gegen Erkältung nicht ______ (b) lassen kann.

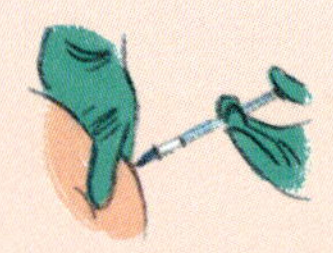

Melek hat an einer seltenen Krankheit ______ (c). Aber man hat sie im Krankenhaus lange ______ (d) und nun ist sie wieder gesund!

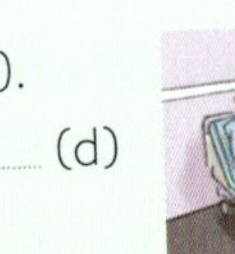
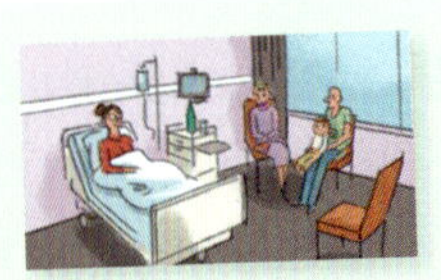

Du musst die Wunde gleich ______ (e) lassen! Sonst ist das wirklich gefährlich.

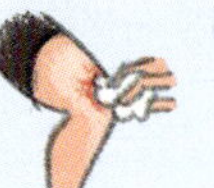

5 Was passt? Kreuzen Sie an. G

www.in-praxis-und-spital.at

Mein Alltag

Andrea, Krankenpflegerin aus Linz Wir haben auf unserer Station zurzeit einen ganz komplizierten Fall, einen Manager mit schlimmen Herzproblemen. Nachdem er die Operation ⬡ geschafft hat ☒ geschafft hatte (a), ⬡ fragt ⬡ fragte (b) er gleich nach dem WLAN und ⬡ will ⬡ wollte (c) anfangen zu arbeiten. Das geht doch nicht! Seit ich ihm das gesagt ⬡ habe ⬡ hatte (d), ⬡ ist ⬡ war (e) er sehr unfreundlich zu mir.

Markus, Notarzt aus Wien Letzte Woche ⬡ ist ⬡ war (f) mir etwas sehr Schönes passiert. Am Dienstagabend ⬡ kommt ⬡ kam (g) ein Mann in die Notaufnahme und wollte mich sprechen. Nachdem ich meinen Dienst beendet ⬡ habe ⬡ hatte (h), ⬡ bin ⬡ war (i) ich zu ihm gegangen. Er ⬡ ist ⬡ war (j) gekommen, um sich zu bedanken und sagte: „Sie können sich nicht vorstellen, wie verzweifelt ich nach meinem Unfall ⬡ war ⬡ gewesen war (k). Nachdem ich immer wieder bei meinem Sohn angerufen ⬡ habe ⬡ hatte (l), damit er kommt und mir hilft, stand plötzlich der Krankenwagen vor mir und Sie ⬡ haben ⬡ hatten (m) meine Wunden versorgt und mir Schmerzmittel gegeben. Danke!"

6 Was passt zusammen? Verbinden Sie. G

1 Nachdem ich mir ein Fahrrad gekauft hatte, — d
2 Meine Schwester hat studiert,
3 Ich habe mir ein teures Auto gekauft,
4 Nachdem ich ein Rezept bekommen hatte,
5 Es ging mir besser,
6 Sandrine hat ihre Freunde vermisst,

a bin ich zur Apotheke gegangen.
b nachdem sie umgezogen war.
c nachdem ich die Tabletten genommen hatte.
d bin ich damit nach Italien gefahren.
e nachdem sie eine Ausbildung gemacht hatte.
f nachdem ich im Lotto gewonnen hatte.

7 Im Homeoffice. Schreiben Sie Sätze in der Vergangenheit mit *nachdem*. G

a Mein Wecker hat zehn Minuten geklingelt. Dann bin ich aufgestanden.
Nachdem mein Wecker zehn Minuten geklingelt hatte, bin ich aufgestanden.

b Ich bin aufgestanden. Dann habe ich geduscht und gefrühstückt.

c Ich habe gefrühstückt. Dann habe ich den Computer eingeschaltet.

d Ich habe ein paar E-Mails gelesen. Dann habe ich mit meiner Schwester gechattet.

8 Was passt? Hören Sie und kreuzen Sie an. HÖREN

22

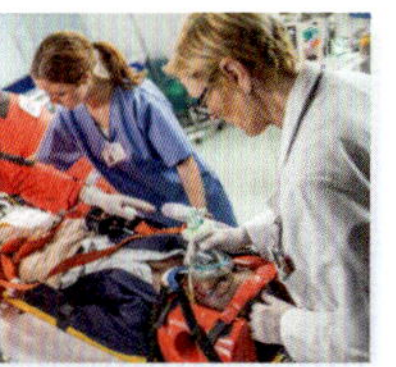

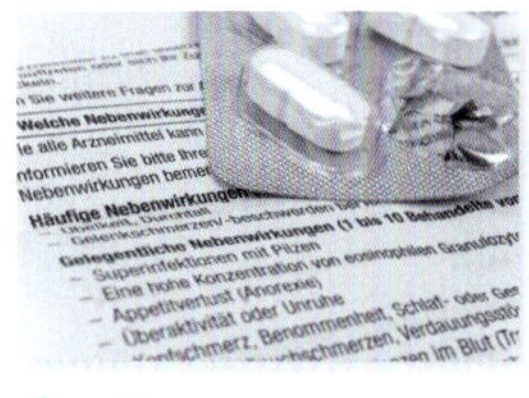

A ⬡ B  C  D 

9 Was ist richtig? Hören Sie noch einmal und kreuzen Sie an.

🔊 22

a ... hat einen Vortrag über Herzkrankheiten besucht.
1 ☒ Frau Neubauer
2 ○ Herr Tsokas
3 ○ Frau Maier

b Herr Tsokas möchte auf der Messe ...
1 ○ das Zentrum für Schmerztherapie präsentieren.
2 ○ einen neuen Job finden.
3 ○ mehr über Schmerztherapie erfahren.

c Frau Maier kommt aus ...
1 ○ Düsseldorf.
2 ○ Dortmund.
3 ○ Regensburg.

d Frau Maier interessiert sich für das Thema ...
1 ○ Tabletten und Tropfen.
2 ○ Kommunikation mit Kundinnen und Kunden.
3 ○ Schmerzen.

e Frau Maier findet, dass Apothekerinnen und Apotheker ...
1 ○ ehrlich sein müssen.
2 ○ Zeit für private Gespräche haben sollen.
3 ○ im Fernsehen sprechen sollten.

f Frau Neubauer ...
1 ○ muss bis zur nächsten Apotheke weit fahren.
2 ○ möchte Frau Maier bald besuchen.
3 ○ fand das Gespräch sehr interessant.

10 Die Medizinmesse *MediViva*. Ordnen Sie zu. (K)

Ich habe erfahren | Zusammenfassend kann man sagen | ~~ist mir besonders wichtig~~ | Ich wusste schon | Aber neu war für mich

- ○ Waren Sie auf der *MediViva*, Herr Lohntaler? Ich habe einen Beitrag darüber im Radio gehört.
- ▫ Ja, ich bin für einen Tag nach Düsseldorf gefahren. Die Messe war sehr interessant.
- ○ Ein Schwerpunkt war dieses Jahr das Thema Kommunikation, stimmt das?
- ▫ Ja, genau. Das Thema *ist mir besonders wichtig* (a), weil wir im Klinikalltag immer wieder Probleme mit Patientengesprächen haben. .... (b), dass heute Medizinstudierende Kommunikationstrainings bekommen. Eine tolle Sache!
- ○ In dem Radiobeitrag berichtete auch eine Apothekerin, warum ihr dieses Thema so wichtig ist. .... (c), dass einige Patientinnen und Patienten Angst haben, dass ein Medikament negative Eigenschaften hat und sie es deshalb gar nicht nehmen. .... (d), dass es Fortbildungen für das Personal in Apotheken gibt, wie es helfen kann, das zu vermeiden.
- ▫ Ja, das ist ein spannendes Thema. .... (e), dass gute Gespräche in unseren Berufen unglaublich wichtig sind, nicht wahr?

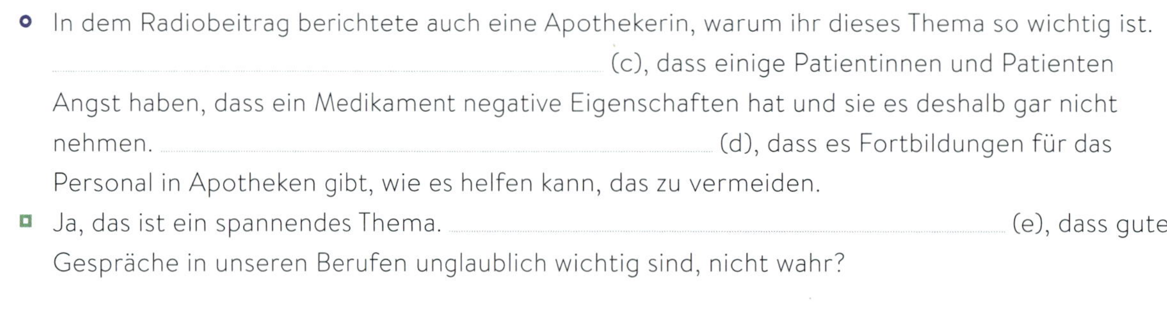

1 Die Kunst und das Geld

a Lesen Sie den Artikel und ordnen Sie die Fotos zu.

1 

2 

3 

Berühmte Künstlerinnen und Künstler haben selten Geldsorgen, aber gerade am Beginn ihrer Karriere fehlt vielen das Geld. Deshalb brauchen sie oft andere Geldgeber. Und das können Mäzeninnen und Mäzene sein. Sie geben Künstlerinnen und Künstlern, aber auch Organisationen und Einrichtungen wie Universitäten oder Museen, freiwillig Geld. Wenn das finanzierte Projekt erfolgreich ist, ist es auch eine gute Werbung für die Mäzenin oder den Mäzen. Beispiele aus früherer Zeit sind die Augsburger Kaufmannsfamilie Fugger, der Frankfurter Bankier und Gewürzhändler Johann Friedrich Städel und der Basler Musiker Paul Sacher.

⬡ Die Fugger lebten vom 14.–16. Jahrhundert in Augsburg. Als reiche Kaufleute unterstützten sie Künstler, die Bilder für Kirchen, aber auch Gemälde von Mitgliedern ihrer Familie malten. Einige der Künstler gehören heute zu den berühmtesten Malern dieser Zeit. Etwas ganz Besonderes hat Jakob Fugger im Jahr 1521 gespendet: die Fuggerei. Das sind 67 Häuser mit 140 Wohnungen, in denen bis heute Augsburger leben dürfen, die wenig Geld haben. Die Miete: 0,88 Euro im Jahr. Auch heute noch unterstützen Mitglieder der Familie Fugger verschiedene Projekte.

⬡ Johann Friedrich Städel (1728–1816) kaufte für viel Geld Gemälde und Zeichnungen und besaß mehrere tausend Kunstwerke, als er starb. Städel wollte, dass sein Geld und seine Kunstwerke verwendet werden, um eine öffentliche Kunstsammlung zu gründen; außerdem eine kostenlose Kunstschule für Männer und Frauen. Beide Einrichtungen gibt es bis heute: die *Staatliche Hochschule für Bildende Künste – Städelschule* und das international bekannte Kunstmuseum *Städel*.

⬡ Paul Sacher (1906–1999) studierte in seiner Heimatstadt Basel Musik und gründete 1926 das *Basler Kammerorchester*. Er arbeitete international mit den besten Musikern zusammen. Als Paul Sacher 1934 heiratete, war er über Nacht sehr reich. Die Familie seiner Frau besaß ein großes Unternehmen, in dessen Leitung er mehr als 60 Jahre arbeitete. Doch Paul Sacher war nicht nur Musiker und Unternehmer, er war auch Mäzen: Er unterstützte viele Musiker seiner Zeit wie Igor Strawinsky und Béla Bartók. 1973 gründete er die „Paul Sacher Stiftung“.

b Lesen Sie noch einmal und korrigieren Sie die markierten Wörter.

1 Mäzeninnen und Mäzene leihen Personen oder Organisationen Geld. schenken
2 Die Fugger wollten nur Gemälde von Familienmitgliedern haben. ______
3 Die Wohnungen in der Fuggerei kann man kaufen. ______
4 Die Städelschule ist heute eine Grundschule. ______
5 Städels Kunstsammlung konnten nur Studierende sehen. ______
6 Paul Sacher hat sehr lange in einem Orchester gearbeitet. ______

2 Wen und/oder was finden Sie am interessantesten? Warum?

Mich beeindruckt, dass ... Ich finde es gut, wenn jemand ... Besonders ... sollte man unterstützen, weil ...

______

______

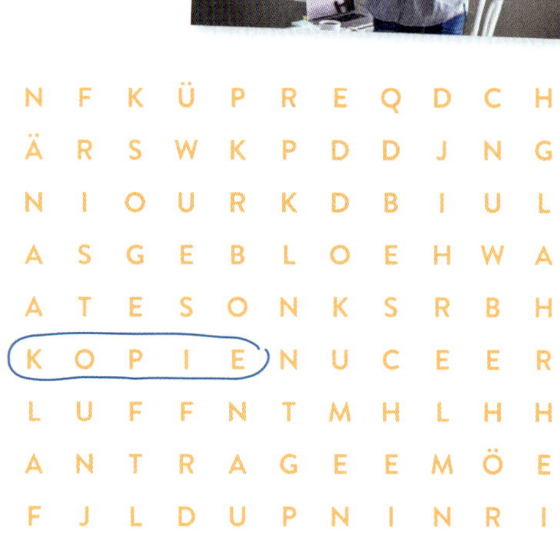

1 Finden Sie noch sechs Wörter und ordnen Sie zu. (W)

a Bitte bringen Sie uns Ihre Papiere nicht im Original, nur in *Kopie*.
b Ich musste aus meinem Land fliehen und habe in Deutschland ………… erhalten.
c Leider haben Sie die ………… für eine Bewerbung versäumt.
d Nächsten Montag bekomme ich …………, ob ich das Praktikum machen kann.
e Wir können Ihren ………… leider nicht genehmigen.
f Es nervt! Bei jeder ………… muss man total lange auf einen Termin warten.
g Der Personalausweis ist ein wichtiges ………… .

N	F	K	Ü	P	R	E	Q	D	C	H
Ä	R	S	W	K	P	D	D	J	N	G
N	I	O	U	R	K	D	B	I	U	L
A	S	G	E	B	L	O	E	H	W	A
A	T	E	S	O	N	K	S	R	B	H
K	O	P	I	E	N	U	C	E	E	R
L	U	F	F	N	T	M	H	L	H	H
A	N	T	R	A	G	E	E	M	Ö	E
F	J	L	D	U	P	N	I	N	R	I
M	A	S	N	U	K	T	D	G	D	E
A	S	Y	L	E	N	S	L	A	E	G

2 Linhs Berufsweg. Markieren Sie noch fünf Wörter und ordnen Sie zu. (W)

ÄLMLEHREFRETATSTIPENDIUMPRÜKAMARBEITSERLAUBNISZUNWLBERUFSSCHULEDPLÖKEBSTHEORIEFARTEXSTUDIUMYEÖ

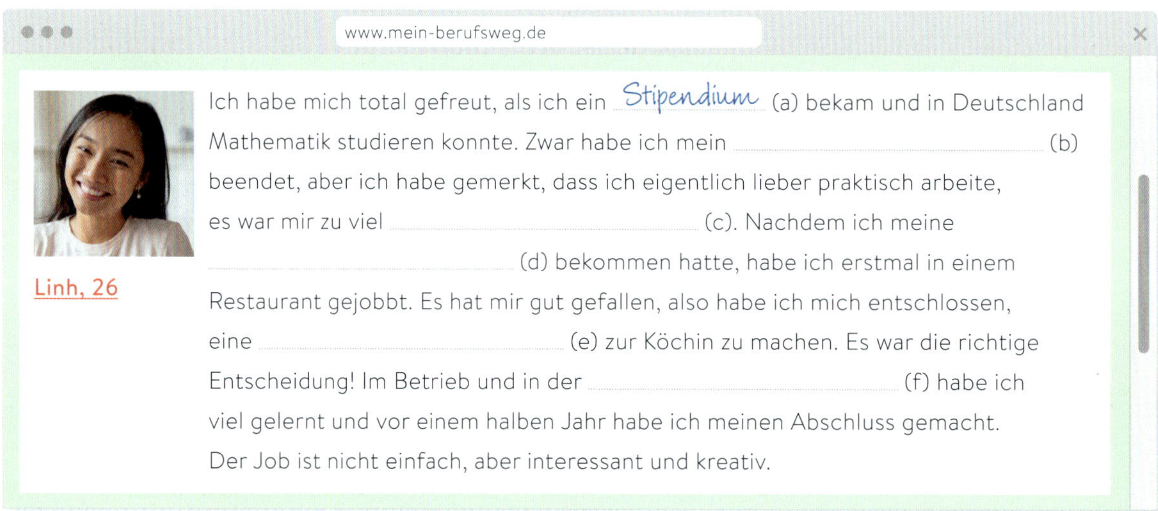
www.mein-berufsweg.de

Linh, 26

Ich habe mich total gefreut, als ich ein *Stipendium* (a) bekam und in Deutschland Mathematik studieren konnte. Zwar habe ich mein ………… (b) beendet, aber ich habe gemerkt, dass ich eigentlich lieber praktisch arbeite, es war mir zu viel ………… (c). Nachdem ich meine ………… (d) bekommen hatte, habe ich erstmal in einem Restaurant gejobbt. Es hat mir gut gefallen, also habe ich mich entschlossen, eine ………… (e) zur Köchin zu machen. Es war die richtige Entscheidung! Im Betrieb und in der ………… (f) habe ich viel gelernt und vor einem halben Jahr habe ich meinen Abschluss gemacht. Der Job ist nicht einfach, aber interessant und kreativ.

3 Geschäfte. Wie heißen die Wörter? (G)

a In einer *Schneiderei* (deSchneirei) wird Stoff geschnitten und genäht.
b Lass uns nachher im Laden der ………… (reischeFi) *Hai* frischen Fisch kaufen.
c Das Fenster im Bad ist kaputt. Ich suche im Internet nach einer ………… (seGlarei).
d Wir haben die Blumen für unseren Garten in einer ………… (Gärtreine) gekauft.

4 *-isch* oder *-lich*? Kreuzen Sie an. (G)

a der Feind: ○ feindisch ☒ feindlich
b die Nacht: ○ nächtisch ○ nächtlich
c der Abend: ○ abendisch ○ abendlich
d der Gedanke: ○ gedankisch ○ gedanklich
e der Regen: ○ regnerisch ○ regnerlich

5 Was passt? Kreuzen Sie an. G

- Wie geht's dir, Muna? Du möchtest doch bald arbeiten. Gibt es da etwas Neues?
- Letzte Woche war ich wieder beim Jobcenter. Dort ○ wird ☒ wurde (a) mir gesagt, dass ich Altenpflegerin werden soll. Aber eine Freundin hat mir etwas anderes gesagt: Von ihr ○ wird mir geraten ○ ist mir geraten worden (b), mein Studium aus dem Irak anerkennen zu lassen. Sie sagt, in einer anderen Behörde ○ wird ○ wurde (c) mir bestimmt geholfen. Was denkst du, Dima?
- Siehst du, das ist so verrückt: Ich war in meiner Heimat Krankenpfleger, aber meine Ausbildung ○ wird ○ wurde (d) mir zwei Jahre lang nicht anerkannt. Was soll man dazu sagen?
- Das ist wirklich verrückt. Ich glaube, man muss irgendwie einen Job finden, der die eigenen Fähigkeiten und Interessen mit Berufen verbindet, die hier gesucht ○ werden ○ wurden (e). Und was machst du jetzt?
- Meiner Freundin ○ wird ○ wurde (f) ein Job in Krakau angeboten. Wir gehen nach Polen, ich freue mich.

6 Früher und heute. Schreiben Sie die Sätze im Passiv Perfekt. G

a Heute schreibt man E-Mails. Früher sind Briefe geschickt worden (Briefe schicken).

b Heute wird Geld vom Geldautomaten abgehoben. Früher ______________ (es in der Bank abheben).

c Heute wird oft mit Kreditkarte bezahlt. Früher ______________ (nur mit Bargeld bezahlen).

d Heute wird Fleisch oft im Supermarkt gekauft. Früher ______________ (es nur beim Metzger kaufen).

23 7 Sortieren Sie das Gespräch und hören Sie zur Kontrolle. K

- ○ Das ist wirklich noch nicht lang. Wie ist denn das Arbeiten hier im Vergleich zu Indien?
- ○ Ja, und die Chefs erwarten sehr oft, dass man auch abends und am Wochenende arbeitet.
- ○ Das ist viel! Das kann man mit Deutschland nicht vergleichen.
- ○ Gut, dass das hier normalerweise nicht so ist ... Da wir über Unterschiede reden, habe ich eine Frage: Ich soll Herrn Wartburg „Stefan" nennen. Ist das normal? Er ist doch mein Chef!
- (1) Hallo Jaydeep, wie läuft es bei dir? Gefällt es dir in der Firma?
- ○ Ein großer Unterschied ist, dass man in Indien länger arbeitet. In der Regel sind es in einer IT-Firma wie unserer neun bis zehn Stunden täglich.
- ○ Normal ist es vielleicht nicht. Aber sehr oft ist es so, dass Chefs denken, es ist besser für die Atmosphäre, wenn sich alle duzen.
- ○ Hallo Miriam! Ja, ich fühle mich dort wohl. Natürlich ist alles noch sehr neu, ich bin ja erst seit drei Monaten in Deutschland.
- ○ Das erwartet meine Chefin leider auch, aber normalerweise ist das hier nicht üblich.
- ○ Oh! Bei uns wäre das sehr unhöflich.

8 Lesen Sie den Text. Worum geht es? Kreuzen Sie an.

LESEN

In dem Text geht es um ...

○ das Leben von Tiagos Großvater. ○ Jobs in Deutschland. ○ eine Reise.

www.tiagos-blog.net

Als mein Großvater nach Deutschland kam

Als in Deutschland in den 1960er-Jahren Arbeiter aus Südeuropa gesucht wurden, hat sich auch mein Großvater auf den Weg gemacht. Er wollte nicht Fischer werden wie sein Vater und sein Großvater, die jeden Tag stundenlang auf dem Meer waren, um Fische zu fangen. Und so hat er sich gemeldet, als er hörte, dass deutsche Firmen in Portugal Mitarbeiter suchen. 2.000 Kilometer ist mein Großvater mit dem Zug von seinem Dorf im Süden von Portugal quer durch Europa nach Hamburg gefahren.

Die Voraussetzung für einen Job in Deutschland war damals vor allem, dass man jung und gesund ist. Eine Ausbildung brauchte man nicht, denn es ging um einfache, aber körperlich sehr anstrengende Tätigkeiten – Tätigkeiten, für die in Deutschland keine Arbeiter mehr zu finden waren. Aber wie heute mussten sehr viele Papiere beantragt und ausgestellt werden: ein Visum, eine Einreisegenehmigung, eine Gesundheitsprüfung, eine Arbeitserlaubnis, ein Arbeitsvertrag, Versicherungen ...

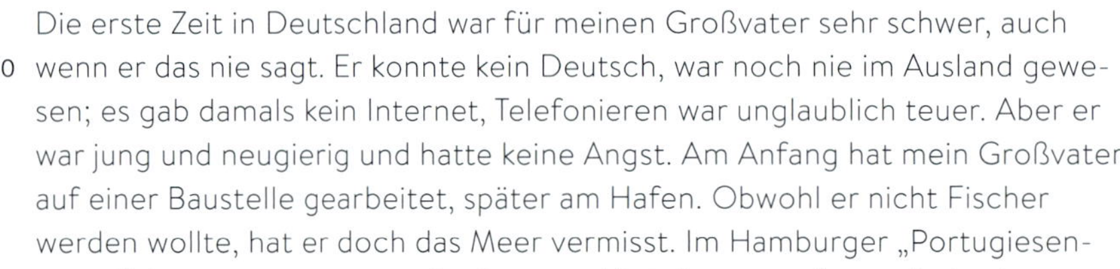

Die erste Zeit in Deutschland war für meinen Großvater sehr schwer, auch wenn er das nie sagt. Er konnte kein Deutsch, war noch nie im Ausland gewesen; es gab damals kein Internet, Telefonieren war unglaublich teuer. Aber er war jung und neugierig und hatte keine Angst. Am Anfang hat mein Großvater auf einer Baustelle gearbeitet, später am Hafen. Obwohl er nicht Fischer werden wollte, hat er doch das Meer vermisst. Im Hamburger „Portugiesenviertel“ hat er später meine Großmutter Nivia kennengelernt, die in einem kleinen Café gearbeitet hat. Leider lebt sie nicht mehr. Sie haben drei Kinder bekommen und sind echte Hamburger geworden. Nur wenn es um Fußball geht, dann ist mein Großvater kein Deutscher, sondern 100 % Portugiese. 🙂

9 Lesen Sie noch einmal und beantworten Sie die Fragen.

a Wann ist Tiagos Großvater nach Deutschland gekommen?
Er ist in den 1960er-Jahren nach Deutschland gekommen.

b Warum hat er Portugal verlassen?

c Warum mussten die ausländischen Arbeitskräfte keine Ausbildung haben?

d Warum hat Tiagos Großvater am Hafen gearbeitet?

e Was hat Nivia in Hamburg beruflich gemacht?

1 Welches Wort / Welche Wörter fehlen? Hören Sie und verbinden Sie.

24

Nachricht 1
Nachricht 2
Nachricht 3
Nachricht 4
Nachricht 5
Nachricht 6

a Presse
b Gebäude
c Terminkalender
d Meldungen
e Wissenschaftler
f Temperaturen
g Lügen
h Kampf

2 Was passt? Markieren Sie.

a Eine Meinung wird diskutiert | rasiert | geschminkt.
b Zwei Personen kann man löschen | zweifeln | verwechseln.
c Am Morgen wiederholt man | wacht man auf | fördert man.
d Die Gesundheit kann sich fördern | verschlechtern | annehmen.
e Die Lehrerin muss den Test korrigieren | diskutieren | verschwinden.
f Ich warne | schminke | analysiere dich vor dem Sturm.
g Die sozialen Medien erscheinen | behaupten | beeinflussen viele Menschen.

3 Lesen Sie den Chat und kreuzen Sie an.

Hi Nico! Der Kühlschrank ist voll, dann brauche ich ja nicht ⬡ einkaufen ☒ einzukaufen (a).

Wir wollen doch kochen, Sara. Im Rezept steht: 2 Kilo Kartoffeln. Also brauchen wir nur noch Kartoffeln ⬡ kaufen ⬡ zu kaufen (b). Bitte mach das.

Das geht nicht. Meine Geldbörse ist leer. Ich muss ja zur Arbeit kein Geld ⬡ mitnehmen ⬡ mitzunehmen (c).

Dann geh zum Geldautomaten! Du brauchst doch nur Geld ⬡ abheben ⬡ abzuheben (d). Oder zahl mit der Karte!

4 Schreiben Sie die Sätze mit *brauchen zu*.

a Du musst nicht immer an dir zweifeln!
Du brauchst nicht immer an dir zu zweifeln!

b Ich muss den Chef nur von dem Projekt überzeugen.
____

c Du musst nur das Kapitel wiederholen, dann schaffst du das.
______________________________, dann schaffst du das.

d Du musst keine neue Ausbildung machen.
____

e Mein Mann muss sich am Wochenende nicht schick anziehen.
____

f Wir müssen keine Miete zahlen, wir haben ein Haus.
______________________________, wir haben ein Haus.

5 Leos Woche 1. Schreiben Sie die Sätze mit *ohne zu*. G

www.leos-woche.de

Dienstag, 07. April

Heute bin ich faul!

Zum Frühstück esse ich frische Brötchen, ohne zum Bäcker zu gehen (ohne dass ich zum Bäcker gehe) (a). Man kann Brötchen ja auch online bestellen. Ich mache mich fertig, ______ (ohne dass ich mich rasiere) (b) und gehe in die Stadt. In meinem Lieblingsladen kaufe ich einen Mantel, ______ (ohne dass ich andere Mäntel angucke) (c). Da ich keinen Tag genießen kann, ______ (ohne dass ich meine Freundin sehe) (d), besuche ich sie im Büro. Wir trinken Kaffee, dann fahre ich mit dem Taxi nach Hause. Eigentlich fahre ich nie Taxi, aber heute mache ich das – sogar ______ (ohne dass ich nach dem Preis frage) (e)! Abends sehe ich noch zwei Filme an. Dann schlafe ich ein, ______ (ohne dass ich den Fernseher ausmache) (f).

6 Leos Woche 2. Schreiben Sie die Sätze mit *(an)statt ... zu*. G

www.leos-woche.de

Mittwoch, 08. April

Heute geht der Stress wieder los!

Anstatt im Bett zu bleiben, (Anstatt dass ich im Bett bleibe) (a), muss ich aufstehen und zur Arbeit in die Zimmerei fahren. Wir haben einen großen Auftrag. ______ (Statt dass wir unsere Smartphones checken) (b), müssen meine Kollegin und ich Arbeitskleidung anziehen und schweres Holz tragen. Eigentlich mögen wir unsere Arbeit ja: Wir bewegen uns den ganzen Tag, ______ (statt dass wir auf einem Bürostuhl sitzen) (c). Wir arbeiten bis 14 Uhr und packen dann unsere Wurstbrote aus, ______ (statt dass wir Essen bestellen) (d). Nach dem Essen rauche ich draußen noch eine Zigarette. Das ist eigentlich nicht erlaubt, aber ______ (anstatt dass er schimpft) (e), lacht der Chef. Er ist cool. 😎

7 Lesen Sie die Aufgaben 5 und 6 noch einmal und korrigieren Sie. LESEN

a Leo bestellt ~~sein Frühstück~~ online. Brötchen
b Am Mittwoch rasiert er sich nicht. ______
c Er trifft seine Freundin im Café. ______
d Abends sieht Leo einen Film. ______
e Leo arbeitet in einem Büro. ______
f Er arbeitet mit einem Kollegen zusammen. ______
g Der Chef schimpft. ______

8 Fake News. Schreiben Sie Sätze. K

- ○ Ich habe etwas Interessantes gelesen, Svenja: Ab nächstem Jahr soll es an Schulen keinen Mathe-Unterricht mehr geben.
- □ Wirklich?!? Das kann ich mir ehrlich gesagt nicht vorstellen (Das | ich | kann | ehrlich gesagt | nicht | mir | vorstellen) (a).
- ○ Warum nicht? ______ (Auf | schon | erscheint | das | möglich | mir | den ersten Blick) (b). Denn ______ (ist, | Tatsache | dass) (c) viele Kinder und Jugendliche Mathematik schrecklich finden.
- □ ______ (Da | ich | zu | stimme) (d). Aber ______ (das kommt | ein bisschen | mir | komisch | vor) (e). Überleg mal, Kai. Man braucht jeden Tag Mathe! Das fängt im Supermarkt an, wenn man Preise vergleichen will.
- ○ ______ (zwar | Das | ist | richtig) (f), aber in den fünf Stunden Mathe-Unterricht pro Woche könnte man zum Beispiel auch Informatik lernen.
- □ Für Informatik braucht man auch Mathematik! Wo hast du diese Nachricht eigentlich gelesen?
- ○ Auf einer tollen Webseite. Da kann man auch Sachen erfahren, über die sonst nie gesprochen wird. „Lucys Wahrheit“ heißt die Seite.
- □ Mensch, Kai, auf solchen Webseiten steht doch so viel Blödsinn! Das sind meistens Fake News. ______ (Da | ich | immer | vorsichtig | wäre) (g). Deine Lucy verdient damit wahrscheinlich viel Geld. Wenn der Mathe-Unterricht abgeschafft werden würde, könnte man das in jeder Zeitung lesen. ______ (lieber | Ich | überprüfen | diese Nachricht | mal | würde) (h).

9 Schreiben Sie einen Kommentar zu Kais Aussage in Aufgabe 8. K — SCHREIBEN

~~zu dem Thema recherchiert:~~ Ich habe auch herausgefunden, Auf den Internetseiten von Die Aussage stimmt nicht, Das hat mich (nicht) überrascht, weil ...

Ich habe zu dem Thema recherchiert: ______, das Gegenteil ist richtig. ______ vielen Zeitungen steht, dass es *mehr* Mathe-Unterricht geben soll. Es gibt dazu auch Stimmen von Politikerinnen und Politikern. ______, was der Grund ist: Deutsche Schülerinnen und Schüler sind in Mathematik schlechter geworden. ______ ich dachte, dass ______

1 Johannas Stundenplan in der Klasse 10c. Ergänzen Sie die Sätze. W

	MONTAG	DIENSTAG	MITTWOCH	DONNERSTAG	FREITAG
1.	Mathe		Englisch		
2.	Deutsch		Mathe	Deutsch	Mathe
3.	Englisch				Englisch
	1. GROSSE PAUSE				
4.		Sozialkunde	Deutsch		Sport
5.					Sport
	2. GROSSE PAUSE				
6.					

a Wann hat Johanna Informatik? – Am Dienstag in der 1. und 2. Stunde.
b Welche Fremdsprachen lernt Johanna? – Sie lernt ______ und ______.
c Wie viele Stunden wird das Fach Kunst unterrichtet? – Es wird ______ unterrichtet.
d Wann hat Johanna Geografie? – Am ______ in der ______ Stunde.
e Wann wird Physik unterrichtet? – Am ______ in der ______ Stunde.
f Welche Fächer hat Johanna am Donnerstag? – Sie hat ______, Deutsch, ______, ______ und ______.

2 Im Klassenchat. Ordnen Sie zu. W

konservativ Klassenfahrt mittlerweile Diktat Präsentation Jugendliche
Aufsatz Zerstörung Ausstattung vermutlich ~~Hausaufgabe~~

Lumi Hey Leute! Was war eigentlich die Hausaufgabe (a) in Geografie?

Anna Oh Mann, Lumi! Wir sollen weiter an unserer ______ (b) arbeiten. Welches Thema hat eure Gruppe?

Lumi „Der Klimawandel und die ______ (c) der Erde."

Khaled Dann fang mal an, Lumi! Du solltest ______ (d) wissen, dass man für so etwas lange braucht.

Lumi Bist du jetzt meine Mutter, Khaled? Nerv mich nicht! Die ______ (e) an unserer Schule ist so schlecht, da kann ich keine coole Präsentation machen.

Khaled 🙄 Habt ihr für das ______ (f) in Englisch gelernt? Das schreiben wir ______ (g) morgen.

Anna Nee, leider nicht. Ich muss den ______ (h) für Deutsch fertig machen, über dieses Gedicht.

Lumi Warum lesen wir in Deutsch nicht Song-Texte? Das wäre viel cooler. Mir ist das hier alles zu ______ (i). Die könnten doch mal Unterricht machen, der für ______ (j) interessant ist!

Khaled Stimmt. Aber in zehn Tagen beginnt unsere ______ (k) nach Wien!! 🤩

3 Deutsch rot, Mathe blau. Schreiben Sie Sätze. G

www.schuleundso.de

Roman Als ich in die Schule ging, mussten die Hefte für jedes Fach eine bestimmte Farbe haben, das war sowohl an der Grundschule als auch am Gymnasium Vorschrift: Deutsch rot und Mathe blau. Ich hätte es gern anders gemacht, weil Deutsch mein Lieblingsfach war und Blau meine Lieblingsfarbe. 🙂
Meine Tochter kommt dieses Jahr in die Schule und wir haben von der Lehrerin eine Liste bekommen mit Material, *das gekauft werden soll* (soll | das | gekauft | werden) (a). Und was stand da? 1 Heft blau (Mathematik) und 1 Heft rot (Deutsch)! Das kann ja nicht wahr sein, dachte ich. Wie war das bei euch?

3 KOMMENTARE

Metin Genau das Gleiche – Deutsch rot, Mathe blau, Englisch gelb und so weiter. War bei mir in den 1990ern so und ist bei meinen Kindern auch so. ________________ (Das | wahrscheinlich | so | muss | gemacht | werden) (b), damit die Lehrerinnen und Lehrer gleich sehen, ob alle das richtige Heft auf dem Tisch haben.

Margot Du hast recht, Metin, wahrscheinlich machen sie es deshalb. Sonst ________________ (im Unterricht | die Hausaufgaben | könnten | werden | erledigt) (c).
Wir hatten auch feste Farben, aber sie waren anders. Ich glaube, Deutsch war gelb und Mathe rot. Und ich bin heute 63 ...

Sebastian Meine Kinder sind auf einer Privatschule. Sie basteln ihre Hefte dort selbst, ________________ (dürfen | bunt angemalt | die | werden) (d), das finde ich richtig schön!

4 Schreiben Sie die Sätze im Passiv. G

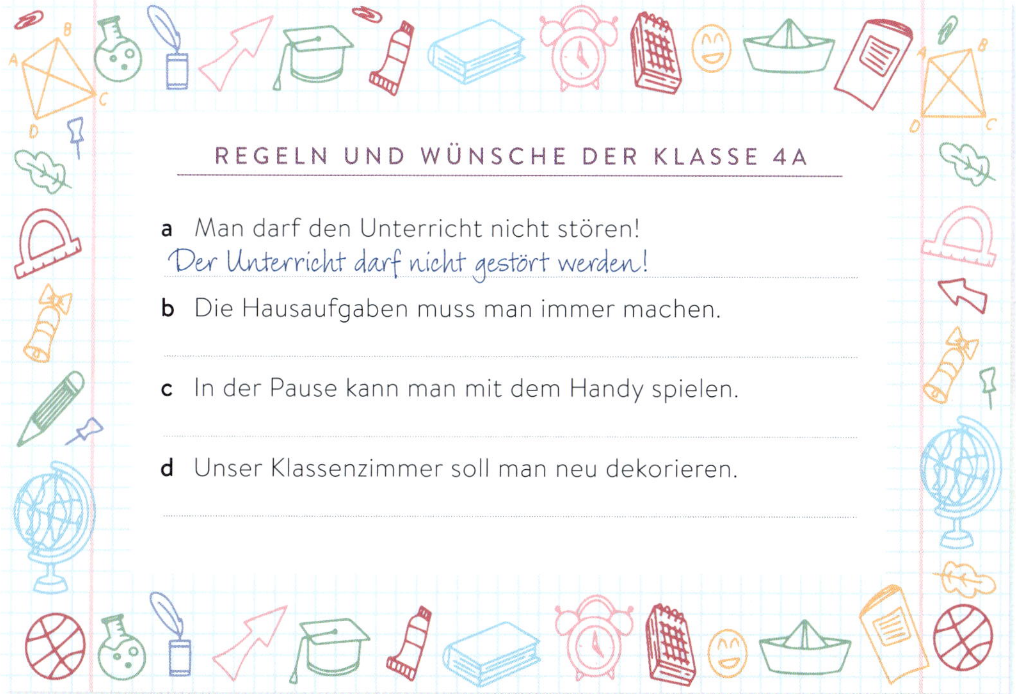

REGELN UND WÜNSCHE DER KLASSE 4A

a Man darf den Unterricht nicht stören!
Der Unterricht darf nicht gestört werden!

b Die Hausaufgaben muss man immer machen.
____

c In der Pause kann man mit dem Handy spielen.
____

d Unser Klassenzimmer soll man neu dekorieren.
____

5 Worum geht es? Hören Sie das Gespräch und kreuzen Sie an. HÖREN

25

- ○ Schule in der Deutschen Demokratischen Republik
- ○ Vorbereitung auf das Abitur
- ○ Lieblingsfächer

6 Hören Sie noch einmal und kreuzen Sie an: *richtig* oder *falsch*?

🔊 25

		richtig	falsch
a	Claudia ist Steffens Tante.	○	☒
b	Steffen ist bald mit der Schule fertig.	○	○
c	Claudia hat eine technische Oberschule besucht.	○	○
d	Claudias Mann heißt Nico.	○	○
e	Claudia hat an einer „EOS" Abitur gemacht.	○	○
f	Steffens Eltern haben Physik studiert.	○	○
g	Claudias Eltern waren Politiker.	○	○

7 Was passt zusammen? Verbinden Sie. K

1 Wäre es nicht sinnvoll, wenn alle Schulen einen Garten hätten? — e
2 Lucy, dein Aufsatz war leider nicht gut.
3 Chinesischunterricht? Das finde ich eine gute Idee!
4 Unser Englischlehrer war echt gut.
5 Acht Stunden Schule pro Tag sind zu viel.
6 Ihr wart nur 15 Kinder in der Klasse?

a Es muss doch toll sein, wenn man eine völlig fremde Sprache lernt.
b Das stelle ich mir wirklich gut vor – und so ruhig.
c Den Text könnte man noch verbessern.
d Meiner Erfahrung nach bringt das nichts, alle sind müde.
e Dann wüssten die Kinder, dass Gemüse nicht in Plastikschachteln wächst.
f Sein Unterricht hat mich motiviert und begeistert.

8 Was passt? Kreuzen Sie an. K

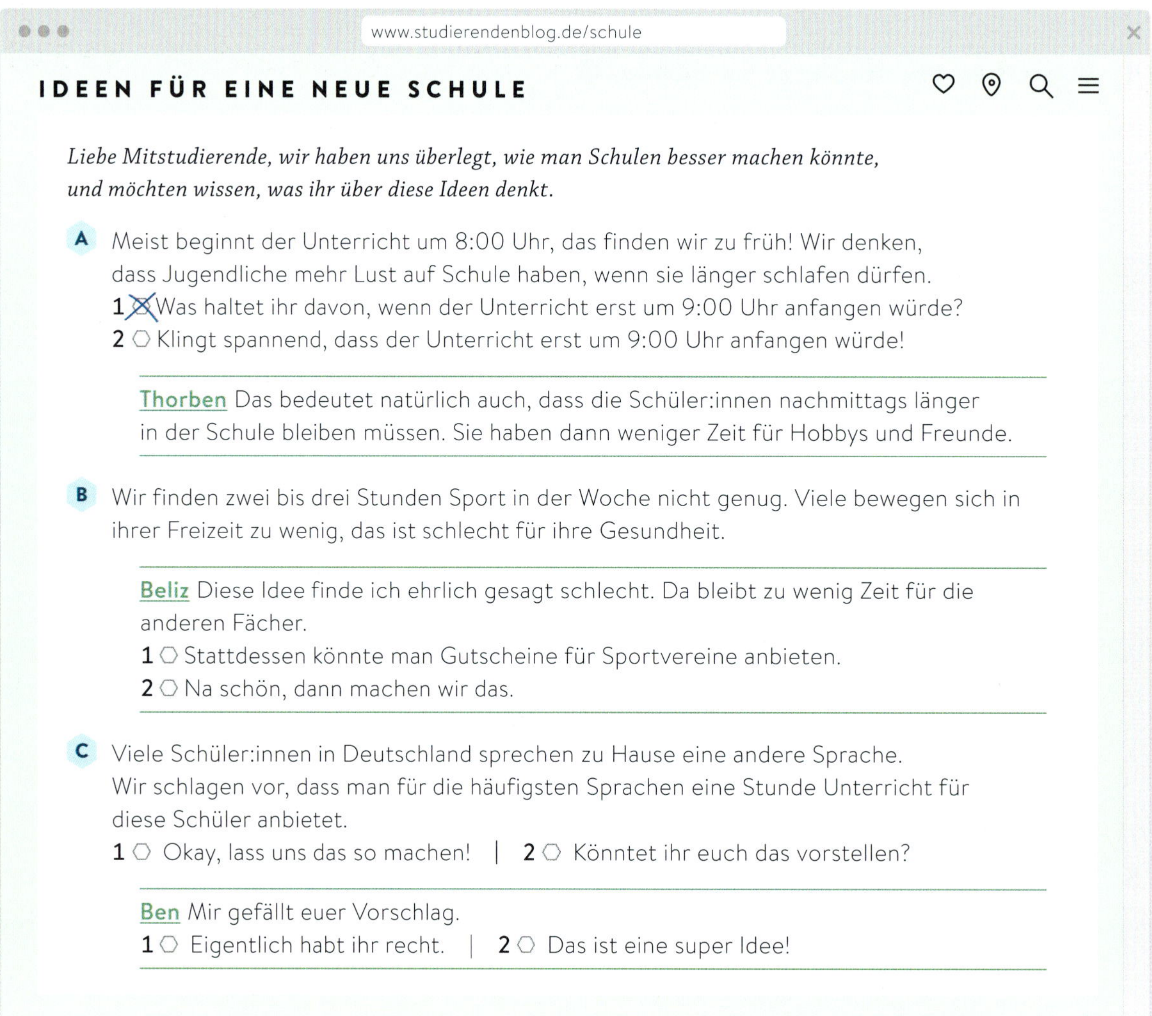
www.studierendenblog.de/schule

IDEEN FÜR EINE NEUE SCHULE

Liebe Mitstudierende, wir haben uns überlegt, wie man Schulen besser machen könnte, und möchten wissen, was ihr über diese Ideen denkt.

A Meist beginnt der Unterricht um 8:00 Uhr, das finden wir zu früh! Wir denken, dass Jugendliche mehr Lust auf Schule haben, wenn sie länger schlafen dürfen.
1 ☒ Was haltet ihr davon, wenn der Unterricht erst um 9:00 Uhr anfangen würde?
2 ○ Klingt spannend, dass der Unterricht erst um 9:00 Uhr anfangen würde!

Thorben Das bedeutet natürlich auch, dass die Schüler:innen nachmittags länger in der Schule bleiben müssen. Sie haben dann weniger Zeit für Hobbys und Freunde.

B Wir finden zwei bis drei Stunden Sport in der Woche nicht genug. Viele bewegen sich in ihrer Freizeit zu wenig, das ist schlecht für ihre Gesundheit.

Beliz Diese Idee finde ich ehrlich gesagt schlecht. Da bleibt zu wenig Zeit für die anderen Fächer.
1 ○ Stattdessen könnte man Gutscheine für Sportvereine anbieten.
2 ○ Na schön, dann machen wir das.

C Viele Schüler:innen in Deutschland sprechen zu Hause eine andere Sprache. Wir schlagen vor, dass man für die häufigsten Sprachen eine Stunde Unterricht für diese Schüler anbietet.
1 ○ Okay, lass uns das so machen! | 2 ○ Könntet ihr euch das vorstellen?

Ben Mir gefällt euer Vorschlag.
1 ○ Eigentlich habt ihr recht. | 2 ○ Das ist eine super Idee!

Ausbildung in einem seltenen Beruf

a Lesen Sie Leons Beitrag und ergänzen Sie die Aussagen.

www.azubis-erzaehlen.de

AZUBIS ERZÄHLEN!

NR. 27

Heute stellt euch Leon, 19, aus Ludwigsburg seinen Beruf vor.

Zum Interview mit Leon

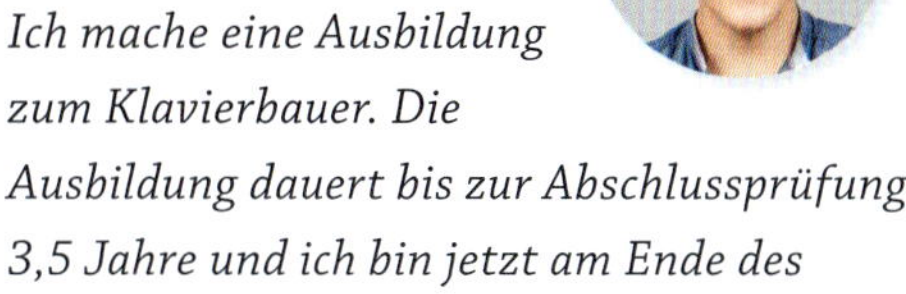

Ich mache eine Ausbildung zum Klavierbauer. Die Ausbildung dauert bis zur Abschlussprüfung 3,5 Jahre und ich bin jetzt am Ende des 2. Ausbildungsjahrs.

In der Werkstatt meines Meisters arbeiten wir vor allem mit Holz, dazu kommen Metall und andere Materialien. Die Instrumente, die wir bauen und reparieren, haben ungefähr 12.000 Teile! Zum Vergleich: Ein Auto hat ungefähr 10.000 Teile. Und es dauert ein Jahr, bis so ein Klavier fertig ist.

Alles hat damit angefangen, dass wir in der 10. Klasse zwei Wochen Berufsberatung hatten. Der Lehrer brachte dicke Ordner mit, in denen verschiedene Ausbildungen erklärt wurden. Ich habe viele, viele Seiten mit Berufsbeschreibungen gelesen und dachte: „Langweilig, langweilig, langweilig!". Für mich ist außerdem ein Problem, dass ich extrem schlecht sehen kann und daher Berufe am Computer eigentlich nicht möglich sind. Dann kam dieses Blatt, das ich bis heute aufgehoben habe:

KLAVIER- UND CEMBALOBAUER/IN

- Du interessierst dich für einen Handwerksberuf?
- Du arbeitest gern mit den Händen und bist sehr genau?
- Du bist musikalisch und kannst sehr gut hören?
- Du bist kommunikationsstark und freundlich?

Dann könnte der Beruf des Klavierbauers / der Klavierbauerin etwas für dich sein!

Voraussetzungen:
- mindestens Realschulabschluss
- musikalische Ausbildung, Klavierspielen

Dauer der Ausbildung:
3,5 Jahre in Betrieb und Berufsschule

1 In dem Forum schreiben *Azubis* über ihre Ausbildung.
2 Das wichtigste Material in Leons Beruf ist ______.
3 In 1,5 Jahren macht Leon seine ______.
4 In der Schule wurde Leon über verschiedene ______ informiert.
5 Leon ______ nicht am Computer arbeiten.

26 **b** Hören Sie das Interview mit Leon und beantworten Sie die Fragen.

1 Wie viele Azubis können jährlich mit der Ausbildung beginnen? *30 Azubis.*
2 Welche Interessen kann Leon in seiner Ausbildung verbinden?
______
3 Wie ist Leons Meister? ______
4 Warum sind manche Kunden schwierig?
______

1 Lösen Sie das Rätsel. W

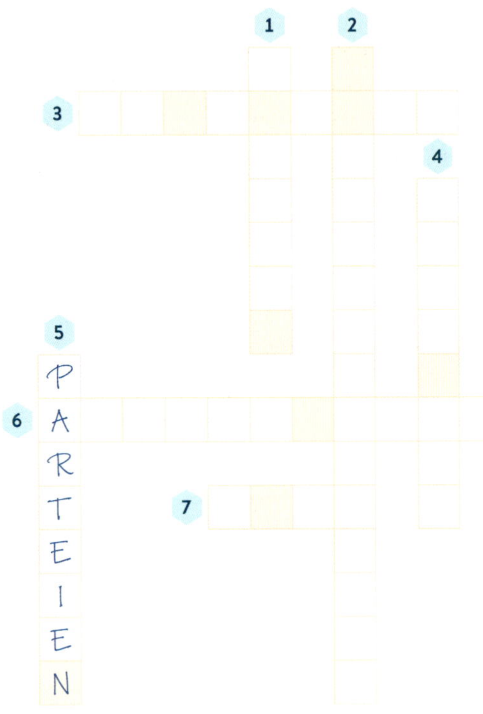

die politischen Parteien Deutschlands

Lösung: _ _ N _ _ _ _ _ _
2 2 5 6 1 4 1 7 3

2 Mein Beruf. Ordnen Sie zu. W

auswählen einsetzen entwickeln erschießen führen sich leisten ~~vertreten~~

UND WAS MACHEN SIE BERUFLICH?

Tobias, 28, Biologe Ich arbeite für eine große Umweltschutz-Organisation. Wir vertreten (a) die Meinung, dass für die Rettung der Erde nicht mehr viel Zeit bleibt. Deshalb .... (b) wir globale Projekte zum Klima- und Tierschutz.

Denise, 44, Polizistin Mein Job ist spannend und nie langweilig. Aber er kann auch schrecklich sein. Vor acht Jahren musste ich einen Mann .... (c), er hätte sonst meinen Kollegen getötet. Danach habe ich überlegt zu kündigen.

Barthélemy, 51, Personalchef Meine Aufgabe ist es, für eine große Firma neue Mitarbeiterinnen und Mitarbeiter zu suchen: Bewerbungen lesen, Gespräche .... (d) und am Ende die geeignete Person .... (e).

Lore, 67, Abgeordnete im deutschen Bundestag Das Geld muss in unserem Land gerechter verteilt werden. Dafür möchte ich mich .... (f). Auch eine arme Familie soll es .... (g) können, mal mit den Kindern in den Zoo zu gehen!

3 Was passt? Kreuzen Sie an. W

a ☒ Richter ○ Ärzte sind Beamte.
b Aktivistinnen und Aktivisten haben manchmal ○ Hoffnung ○ Einfluss auf die Politik.
c Die Parteien bereiten sich schon früh auf den ○ Gegensatz ○ Wahlkampf vor.
d Dieser Abgeordnete hat seit sieben Jahren einen ○ Stuhl ○ Sitz im Bundestag.
e Politik bedeutet immer, dass man ○ Kompromisse ○ Aufforderungen machen muss.
f Der Bundespräsident / Die Bundespräsidentin ernennt die ○ Ministerinnen und Minister. ○ Soldatinnen und Soldaten.

27

4 Wer sagt was? Ergänzen Sie R (Rima) oder M (Mats). K

HÖREN

DIESE PERSON HAT MICH BEEINDRUCKT!

heute: Yusra Mardini

Yusra Mardini wurde 1998 in Damaskus (Syrien) geboren. Schon mit drei Jahren bekam sie von ihrem Vater, einem Schwimmtrainer, Schwimmunterricht. Schnell war sie sehr erfolgreich. Mit 14 Jahren schaffte sie den syrischen Rekord über 400 Meter Freistil. Während des Krieges wurde das Haus der Familie Mardini zerstört, auch Yusras Schwimmhalle wurde zerstört, zwei Schwimmkollegen starben. 2015 haben sie und ihre Schwester Sarah entschieden, Syrien zu verlassen. Als sie von Istanbul aus in einem kleinen Boot nach Griechenland fliehen wollten, ging das Boot kaputt – fast wären alle 20 Menschen auf dem Boot gestorben. Aber Yusra, Sarah und zwei andere Personen sprangen ins Wasser und schwammen mit dem Boot drei Stunden bis ans Ufer. Über einen langen Weg durch Europa kam Yusra schließlich nach Berlin. Dort begann sie wieder mit dem Schwimmtraining. Im Jahr 2016 konnte sie im *Refugee Olympic Team* (ein Team für Menschen, die aus ihren Ländern fliehen mussten) an den Olympischen Spielen in Rio de Janeiro teilnehmen. Ein Traum für Yusra! Sie wurde berühmt, sprach mit internationalen Politikern und bekam Preise.

a M Ich bewundere, wenn jemand so mutig ist.
b ____ Das Besondere an ihrer Geschichte ist auch, dass sie noch so jung war.
c ____ Ich denke, ihre Geschichte gibt vielen Menschen Hoffnung.
d ____ Und sie war außerdem eine der Ersten im *Refugee Olympic Team*.
e ____ Mich beeindruckt, dass sie da noch an Sport denken konnte.
f ____ Sie hat mehrere Preise für ihren Mut bekommen.

5 Schreiben Sie Sätze wie im Beispiel. G

www.schillerstrasse18.de

NEUES AUS DER NACHBARSCHAFT

❯ Die Schillerstraße wird endlich zur Fahrradstraße! Was denkt ihr darüber? LG Sebi

4 KOMMENTARE

Ketchuppy Endlich! Es wirkte ja so, als ob die Politiker das Projekt vergessen hätten (hätten | als ob | vergessen | das Projekt | die Politiker) (a).

Titan Sebi, du tust jetzt so, ____ (als | wäre | ob | etwas Neues | das) (b)! Wir wissen, dass die Fahrradstraße kommt. 👍!

Suppenkasper Eine „Fahrradstraße"? ____ (hätten | als ob | keine | wir | anderen Probleme) (c)!

Mr.Schiller Die Politiker tun so, ____ (als ob | Fahrrad | fahren | alle Menschen | würden) (d). Wo soll ich jetzt parken?

6 Verbinden Sie die Sätze mit *als ob*. G

a Die Regierungsparteien streiten nicht nur noch. Aber es wirkt so.
Es wirkt so, als ob die Regierungsparteien nur noch streiten würden.

b Kann das Konzert stattfinden? Es sieht so aus.
Es ____

c Umweltschutz ist nicht schlecht. Aber diese Partei tut so.
Diese Partei ____

d Der Kanzler hat noch Hoffnung. Aber es wirkt nicht so.
Es

7 Der Wahl-O-Mat®. Lesen Sie und ergänzen Sie die Überschriften. LESEN

Wie funktioniert der Wahl-O-Mat®? Wer macht den Wahl-O-Mat®? Was ist der Wahl-O-Mat®?

DER WAHL-O-MAT® – EINE HILFE FÜR DIE NÄCHSTE WAHL

W ....

Der Wahl-O-Mat® ist ein Online-Programm, das den Nutzerinnen und Nutzern zeigt, welche Partei ihrer politischen Meinung am nächsten ist. Seit 2002 können sich Bürgerinnen und Bürger vor jeder Wahl – egal, ob es eine Bundestagswahl, eine Landtagswahl (für das Parlament eines Bundeslandes) oder eine Europawahl ist – mit dem Wahl-O-Mat® informieren. Das Angebot nutzen jeweils mehrere Millionen Menschen in Deutschland, vor der Bundestagswahl 2021 zum Beispiel 21 Millionen Menschen.

....

Für jede Wahl wird ein eigener Wahl-O-Mat® entwickelt. Er präsentiert 38 Thesen (= Aussagen) zu verschiedenen Themen, unter anderem aus den Bereichen Wirtschaft, internationale Politik, Umwelt, Arbeit, Gesundheit. Die Nutzerinnen und Nutzer können bei jeder These entscheiden: *stimme zu*, *neutral* oder *stimme nicht zu*. Zum Beispiel:

In Deutschland sollen keine Autobahnen mehr gebaut werden.

☐ stimme zu ☐ neutral ☐ stimme nicht zu

Hat man alle 38 Thesen bearbeitet, zeigt der Wahl-O-Mat® in Prozent, mit welcher Partei man die meisten Aussagen teilt. Zu jeder These kann man sich die Meinung der verschiedenen Parteien ansehen.

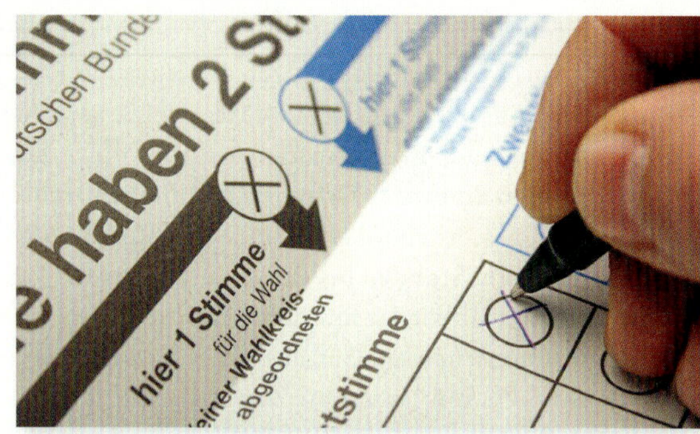

Ziel des Wahl-O-Mat® ist, dass die Bürgerinnen und Bürger sich über die Pläne verschiedener Parteien informieren und eine Meinung bilden können. Außerdem soll das Interesse an Politik gefördert werden.

....

Jeder Wahl-O-Mat® wird von einem Redaktionsteam gemacht. Darin sind vor allem junge Menschen und man kann sich online dafür bewerben. Das Team wird von Wissenschaftlerinnen und Wissenschaftlern und anderen Expertinnen und Experten beraten. Die Antworten auf die 38 Thesen kommen direkt von den Parteien.

Zunächst liest das Team die Partei- und Wahlprogramme der Parteien und notiert 80 bis 100 Thesen. Diese werden den Parteien geschickt und sie haben ein paar Wochen Zeit, alle Thesen zu beantworten. Danach werden die 38 Thesen ausgewählt. Nach vielen Tests geht der Wahl-O-Mat® dann 2 bis 4 Wochen vor der Wahl online.

8 Lesen Sie noch einmal und korrigieren Sie die markierten Stellen.

a Bei einer Landtagswahl wählt man das Parlament für Europa. ein Bundesland

b Vor jeder Wahl nutzen wenige Millionen Menschen den Wahl-O-Mat®. ....

c Der Wahl-O-Mat® ist bei jeder Wahl gleich. ....

d Die 38 Thesen schreiben die Parteien. ....

e Im Redaktionsteam sind vor allem Journalisten. ....

f Die Parteien sollen 38 Thesen beantworten. ....

1 Finden Sie noch acht Wörter und ordnen Sie zu. W

BUNDESLANDENTKRIEGACHTSEPMAUERTENUFZPROTESTPÄOLINSGRENZEJAK
LUMÜFREIHEITQUAFCHYSDENKMALKÖMNOBENFRIEDENTÄNWERZONEACKDE

A

Protest

B

C

D

E

F
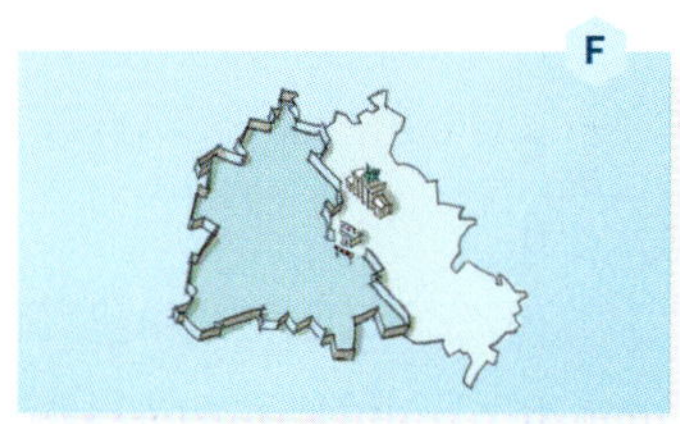

G

H

I

2 Ergänzen Sie die Urlaubsplanung von Lilly (○) und Vejas (□). K

Das klingt gut, Vejas! Meinetwegen können | Worauf hättest du Lust | dann sind wir uns ja einig | ~~Ich würde im Sommer am liebsten wieder~~ | Ich habe gehört, dass | bestimmt kann man dort gut campen | Das ist keine schlechte Idee | Es gibt viele Seen und Wälder | Das wird bestimmt eine tolle Reise

- ○ Wohin wollen wir eigentlich in den Urlaub fahren, Vejas?
- □ Du meinst im Sommer?
- ○ Ja, Ich würde im Sommer am liebsten wieder (a) nach Ungarn fahren.
- □ ………………………………… (b), Lilly. Ungarn ist toll. Aber wir waren schon so oft da.
- ○ Stimmt, wir waren schon drei Mal da. ………………………………… ? (c)
- □ Ich würde so gern mal nach Schweden fahren. ………………………………… (d) Schweden im Sommer traumhaft schön ist. ………………………………… (e), in der Nacht wird es fast gar nicht dunkel.
- ○ ………………………………… (f) wir gern mal nach Schweden fahren.
- □ Wunderbar, ………………………………… (g).
- ○ Dort kann man sicher gut campen, oder?
- □ Ja, ………………………………… ! (h) Super Idee, Lilly, dann nehmen wir unser Zelt mit.
- ○ Oh schön, ich freue mich! ………………………………… . (i)

3 Hören Sie und sprechen Sie die Rolle von □ aus Aufgabe 2. K

28

4 Lilly und Vejas müssen viel erledigen. Was passt? Kreuzen Sie an. W

Urlaub in Schweden 08.06. bis 23.06.

Unbedingt noch erledigen!!

a ☒ Wetterbericht checken L
b ◯ Fährverbindung suchen
c ◯ Tickets für die Fähre buchen
d ◯ Verfassung schreiben
e ◯ Zimmer in Pension buchen
f ◯ neuen Rucksack kaufen
g ◯ Revolution machen
h ◯ Bevölkerung treffen
i ◯ Mittel gegen Mücken kaufen
j ◯ Verpflegung besorgen
k ◯ Räder einpacken
l ◯ tanken

5 Wer macht was? Schreiben Sie in 3: L (Lilly), V (Vejas) oder – (niemand). HÖREN

29

6 Hören Sie noch einmal und kreuzen Sie an: *richtig* oder *falsch*?

29

		richtig	falsch
a	Lilly und Vejas machen Zelturlaub.	☒	◯
b	Sie haben den Urlaub online gebucht.	◯	◯
c	Lilly braucht einen neuen Rucksack.	◯	◯
d	Lilly und Vejas fahren mit dem Zug in den Urlaub.	◯	◯
e	Sie übernachten auf der Fähre.	◯	◯
f	Bei Ben kann man Mückenmittel kaufen.	◯	◯
g	Lilly und Vejas nehmen Fahrräder mit in den Urlaub.	◯	◯
h	Sie fahren am nächsten Tag los.	◯	◯

7 Was ist richtig? Kreuzen Sie an. G

a Wenn es 1989 keine Revolution gegeben ◯ hatte ☒ hätte , ◯ war ☒ wäre Deutschland noch geteilt.
b Wenn ich mehr Urlaub gehabt ◯ hatte ◯ hätte , ◯ war ◯ wäre ich öfter ins Ausland gefahren.
c Als ich jung ◯ war ◯ wäre , ◯ hatte ◯ hätte ich gern mehr Geld gehabt.
d Wenn Anton die Busverbindung recherchiert ◯ hatte ◯ hätte , ◯ war ◯ wäre er nicht zu spät gekommen.
e Zoe ◯ hatte ◯ hätte gern Stan geheiratet, als sie zwanzig ◯ war ◯ wäre .
f Wenn ich Bundeskanzler gewesen ◯ war ◯ wäre , ◯ hatte ◯ hätte die Bevölkerung ein tolles Leben gehabt.

8 Schreiben Sie Sätze wie im Beispiel. G

Mein Opa hatte immer Glück …

a Mein Opa ist immer sehr schnell gefahren, aber er hat nie Strafzettel bekommen.
Wenn ich so schnell gefahren wäre wie mein Opa, hätte ich ständig Strafzettel bekommen.

b Mein Opa hat keine Kompromisse gemacht und ist trotzdem Minister geworden. Wenn ich ……… nicht ……… .

c Mein Opa war ein schwieriger Mensch. Trotzdem hat er eine wunderbare Frau gefunden.
Wenn ich so ein ……… wie mein Opa, ……… nicht so eine ……… .

d Einmal hat Opa seine Geldbörse verloren. Aber jemand hat sie gefunden und abgegeben.
Wenn ich meine ……… niemand ……… .

9 Einen Ausflug planen. Was passt zusammen? Verbinden Sie. K

1 Lasst uns die Aufgaben
2 Hat jemand Lust,
3 Anna, würdest du dich bitte
4 Wer kann recherchieren,

a wie wir am schnellsten zum Bahnhof kommen?
b für unseren Ausflug verteilen.
c das Picknick vorzubereiten?
d bei der Tourismus-Info erkundigen?

10 Schreiben Sie die Wörter. W

a Die Blumen im Park blühen (henblü) wunderschön.
b In der Arbeit ist es gerade total stressig! Ich muss mich unbedingt bald ……… (erlenho).
c Die Baustelle darf nicht ……… (trebeten) werden!
d Die U-Bahn fährt nicht, weil das Personal ……… (tkierts).
e Wir dürfen die Natur nicht ……… (renstözer).
f Der Baum ist tot, aber er kann Vögeln noch als Platz für ihr Nest ……… (nendie).

11 Mein Traumurlaub. Schreiben Sie zu möglichst vielen Punkten. SCHREIBEN

Land | Person(en) | Verkehrsmittel | Unterkunft | Essen | Landschaft | Sehenswürdigkeiten | Was unternehmen Sie? | Wie ist Ihre Stimmung? | Was gefällt Ihnen besonders gut?

Meinen Traumurlaub würde ich in ……… verbringen.
……… kommt/kommen mit.

1 Lösen Sie das Rätsel. Schreiben Sie die Lösung mit Artikel.

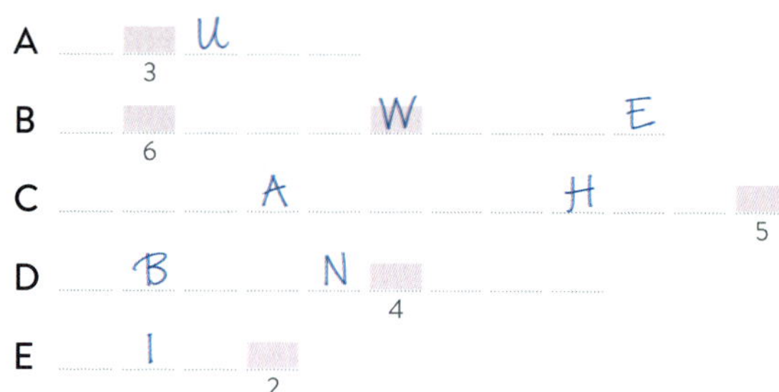

A _ _ U _ _ (3)
B _ _ _ _ W _ _ E (6)
C _ _ _ A _ _ _ H _ _ (5)
D _ B _ N _ _ _ (4)
E _ I _ (2)
F _ _ D _ L _ (7)

Lösung: D _ _ W _ _ _ _ _ _ _ (1 2 3 4 5 6 7)

2 Was ist richtig? Kreuzen Sie an.

www.lobos-welt.de

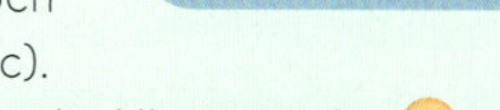

HEY LEUTE! Kennt ihr das? Ständig kämpft man gegen die Zeit. Heute war wieder so ein Tag:

Erst: zu wenig Zeit Morgens bin ich aufgestanden und hatte es ☒ eilig ◯ schnell (a). Das Frühstück habe ich auf dem Weg zum Bus gegessen, man kann ja nicht hungrig aus dem Haus gehen. Dann bin ich zur Arbeit ◯ vergangen ◯ gehetzt (b). Und dann kam auch noch der Bus nicht pünktlich und ich habe mich ◯ erholt ◯ verspätet (c). Das gab Ärger mit dem Chef, er ist nicht sehr entspannt, wenn es um die Uhrzeit geht. 🙄

Dann: zu viel Zeit Während der Arbeit hatte ich dann viel zu viel Zeit. Damit will ich sagen: Die Zeit ist einfach nicht ◯ vergangen ◯ stehen geblieben (d), ich habe mich ◯ gelangweilt ◯ geschätzt (e). Wie immer hat sich nichts ◯ vorausgesagt ◯ ereignet (f). Mein Job ist leider nicht besonders aufregend. Am Ende bin ich müde nach Hause gegangen. Auch Langeweile kann anstrengend sein.

Und am Ende: zu wenig Zeit Wenn der Abend beginnt, bekomme ich wieder gute Laune. 🙂 So war es auch gestern: Ich wollte mich vom Arbeitstag ◯ ablenken ◯ langweilen (g) und bin mit meinem Freund Frank in eine Kneipe gegangen. Wir haben viel gelacht, ◯ uns etwas vorgenommen ◯ uns amüsiert (h) und ◯ erholt ◯ ereignet (i). Aber als ich auf die Uhr geguckt habe, war es fast Mitternacht! Nach dem Feierabend hat man plötzlich wieder zu wenig Zeit ...
Wäre schön, wenn es mal passen würde mit der Zeit, oder?
Ciao, euer Lobo

3 Was passt zusammen? Verbinden Sie.

1 Herr Mars denkt nur an sich. Er ist sehr
2 Was für ein schöner Ausflug! Alle waren
3 Nach der Fahrradtour waren wir ziemlich
4 Du kannst nicht in vier Wochen Deutsch lernen! Sei
5 Damit es gerecht ist, bezahlt jeder
6 Ich bin zufrieden mit dem Projekt. Das Ergebnis ist

a erschöpft.
b einzeln.
c befriedigend.
d egoistisch.
e realistisch.
f vergnügt.

4 Markieren Sie noch sechs Wörter und ordnen Sie zu. W

QELTSCHRIFTSTELLERIMKAUNTERSCHRIFTHHARLXVERSCHWENDUNGNÖNKLY
PRIQUATSCHNKLÜTTZGERECHTIGKEITFTBERFINDUNGALTGUTSCHEINTU

a Der Roman *Sommerprobleme* des Schriftstellers Axel Mansen ist echt gut!
b Mein kleiner Bruder macht ständig ______. Er versteckt Sachen und findet das witzig.
c 380 Euro für eine Handtasche?? Das ist doch ______ von Geld.
d Geschirr von Hand abwaschen nervt total. Spülmaschinen sind die beste ______!
e Hier brauche ich noch Ihre ______, dann ist der Vertrag fertig.
f Das Geld ist in der Welt nicht gleich verteilt. Es muss mehr ______ geben.
g Zum Geburtstag habe ich von Luis einen ______ bekommen.

5 Schreiben Sie das Gespräch. Hören Sie dann zur Kontrolle. K

30

Ab morgen werde ich Stellenanzeigen lesen, das verspreche ich dir, Anna.
Das stimmt. Aber ich schätze, dass ich mir bald etwas Neues suchen muss.
~~Sag mal, Anna, glaubst du, dass der Chef mir wirklich kündigen wird?~~
Das musst du mir nicht versprechen, Rick! Aber du solltest es dir fest vornehmen.
Ja. Dazu gibt es meiner Meinung nach keine Alternative. Die Arbeit macht dir ja auch keinen Spaß mehr.
Nein, Rick, das halte ich für eher unwahrscheinlich. Du bist schließlich seit acht Jahren in der Firma.

- o Sag mal, Anna, glaubst du, dass der Chef mir wirklich kündigen wird?
- □ ______
- o ______
- □ ______
- o ______
- □ ______

6 Schreiben Sie Fragen und Antworten mit *werden*. G

a o Warum hast du gestern nicht die Wohnung geputzt?
□ Ich werde die Wohnung morgen putzen.
b o Du bist nicht zu meiner Party gekommen!
□ ______ im Mai zu meiner Party ______?
c o Warum hat sie während der Zugfahrt nicht geschlafen?
□ ______ nach ihrer Ankunft zu Hause ______.
d o Ihr wolltet letztes Jahr nach Madrid fahren, oder?
□ ______ nächstes Jahr nach Madrid ______.

7 Was drücken die Sätze aus? Schreiben Sie wie im Beispiel. G

a Ich könnte mir vorstellen, dass es morgen regnen wird. Vermutung/Vorhersage
b Den Tag unserer Hochzeit werde ich nie vergessen. Vorsatz/Versprechen
c Das wird bestimmt ein netter Abend! ______
d Wir werden vielleicht einen neuen Kollegen bekommen. ______
e Ich verspreche euch, dass es ein ganz toller Urlaub wird. ______
f Ich werde nächstes Jahr auf jeden Fall nicht mehr rauchen! ______
g Er wird die Wohnung wohl leider nicht bekommen. ______

8 Wer denkt was? Lesen Sie und ergänzen Sie die Namen. LESEN

Die Zukunft wird ... gut. ________ gut und schlecht. ________ sehr schlecht. ________

WIE WIRD DAS LEBEN IN 50 JAHREN SEIN?

Wir haben Leserinnen und Leser gefragt. Hier sind ihre Antworten.

YARON (35)

Als Ingenieur denke ich: Es wird tolle neue Dinge geben. Die Technik wird so fortgeschritten sein, dass unser Alltag viel leichter wird. Darauf freue ich mich. Als Vater habe ich allerdings Sorgen vor der Zukunft: Wird man auf der Welt in 50 Jahren überhaupt noch leben können? Oder werden wir die Natur zerstört haben? Wird es sichere Länder geben oder noch mehr Kriege? Ich versuche, optimistisch zu bleiben.

XIAOMENG (24)

Ich denke, dass die Welt in 50 Jahren viel besser sein wird. Die Welt gehört uns allen, nicht verschiedenen Ländern oder Leuten. Deshalb glaube ich, dass es in 50 Jahren keine Länder mehr geben wird. Wenn wir alle ein Land sind, gibt es viel weniger Grund für Konflikte. Außerdem denke ich, dass es keine verschiedenen Sprachen mehr geben wird, wir werden alle eine Sprache sprechen. So kann man auf der ganzen Welt kommunizieren. Wir müssen uns nur einigen, welche Sprache das sein wird. Am besten wäre es, wenn wir eine neue Sprache erfinden würden.

MANFRED (54)

Die Welt in 50 Jahren? Daran will ich am liebsten gar nicht denken! Das wird eine Katastrophe und ich bin froh, dass ich dann wahrscheinlich schon tot bin. Man wird in den meisten Regionen der Welt nicht mehr leben können und es wird noch mehr Not geben. Außerdem denke ich, dass wir noch einsamer sein werden, denn alles wird online passieren, man wird sich nicht mehr beim Einkaufen treffen, nicht mehr ins Kino oder ins Restaurant gehen. Ein bisschen ist das ja heute schon so.

9 Welche Aussagen stimmen? Lesen Sie noch einmal und kreuzen Sie an.

a Yaron ...

1 ☒ glaubt, dass das Leben in Zukunft einfacher wird.
2 ○ sagt, dass es in Zukunft sicher mehr Kriege geben wird.
3 ○ macht sich Sorgen um seine Zukunft.
4 ☒ macht sich Sorgen um die Zukunft seiner Kinder.

b Xiaomeng ...

1 ○ sagt, dass die Welt in 50 Jahren allen Menschen gehören wird.
2 ○ glaubt, dass es in der Zukunft mehr Frieden geben wird.
3 ○ wünscht sich die gleiche Sprache für die ganze Welt.
4 ○ möchte selbst eine neue Sprache erfinden.

c Manfred ...

1 ○ will die Welt in 50 Jahren lieber nicht erleben.
2 ○ möchte nicht mehr leben.
3 ○ schätzt, dass in Zukunft weniger Menschen arm sein werden.
4 ○ glaubt, dass man in 50 Jahren seltener andere Menschen treffen wird.

1 Die Nationalfeiertage in Deutschland, Österreich und der Schweiz

Lesen Sie die Texte und kreuzen Sie unten an. Manchmal gibt es mehrere Lösungen.

Nach dem Zweiten Weltkrieg (1939–1945) wurde Deutschland in vier Teile geteilt. Sie wurden von den USA, Großbritannien, Frankreich und der Sowjetunion verwaltet. Wegen der politischen Unterschiede teilte sich Deutschland 1949 in zwei deutsche Staaten: die Bundesrepublik Deutschland (BRD) im Westen und die Deutsche Demokratische Republik (DDR) im Osten. Nach der friedlichen Revolution und der Öffnung der Grenze am 9. November 1989 sollte es *ein* Land geben – nicht zwei Staaten mit Grenze und Mauer. Und so wurden die DDR und die BRD wiedervereinigt. Die Verträge zur Wiedervereinigung wurden am 3. Oktober 1990 unterschrieben. Der 3. Oktober, der „Tag der Deutschen Einheit", wurde Nationalfeiertag. Am 3. Oktober gibt es viele offizielle Feiern mit Politikerinnen und Politikern, aber auch zahlreiche Feste, Konzerte und Veranstaltungen für die Bürgerinnen und Bürger.

Auch Österreich sowie die Hauptstadt Wien wurden nach dem Krieg in vier Teile geteilt. Die vier Staaten USA, Großbritannien, Frankreich und Sowjetunion verwalteten das Land, waren jedoch bereit, Österreich seine Unabhängigkeit zu geben. Die Bedingung war: Österreich muss ein neutraler Staat bleiben, der nicht (wie die BRD und die DDR) entweder auf der Seite des Westens oder auf der Seite des Ostens steht. Österreich darf sich nicht an Kriegen beteiligen und muss bei internationalen Konflikten neutral bleiben. Österreich akzeptierte die Bedingung, und am 26. Oktober 1955 unterschrieb das Parlament das Gesetz über die „immerwährende Neutralität". Seit 1965 ist der 26. Oktober der österreichische Nationalfeiertag und gesetzlicher Feiertag. Politikerinnen und Politiker sprechen und das Militär tritt auf. Die Bürgerinnen und Bürger können viele öffentliche Einrichtungen (zum Beispiel Ministerien) besuchen und es gibt zahlreiche kulturelle Veranstaltungen.

Die Schweiz ist seit 1815 offiziell und bis heute neutral. Ihr Nationalfeiertag, „Bundesfeier" genannt, wird am 1. August gefeiert und hat eine ganz andere Geschichte als der deutsche oder der österreichische Nationalfeiertag. Der Feiertag erinnert an den „Bundesbrief", einen Vertrag, der vermutlich am 1. August 1291 unterschrieben wurde. In diesem Vertrag sollen sich Vertreter der drei Kantone Uri, Schwyz und Unterwalden Unterstützung im Kampf gegen Feinde aus dem Ausland versprochen haben. Aus diesen drei Kantonen entstand die Schweiz. Der Vertrag gilt daher als Dokument für die Gründung der Schweiz. Der Nationalfeiertag wird in der Schweiz emotionaler, traditioneller und weniger offiziell gefeiert als in Deutschland und Österreich.

	Deutschland	Österreich	Schweiz
1 Der Nationalfeiertag ist nicht sehr alt.	☒	☒	○
2 Das Land war bis 1955 geteilt.	○	○	○
3 Der Nationalfeiertag erinnert an einen Vertrag.	○	○	○
4 Das Land ist aus drei Regionen entstanden.	○	○	○
5 Das Land ist auch heute noch neutral.	○	○	○
6 Von diesem Land gab es 40 Jahre lang zwei Staaten.	○	○	○

2 Wann ist in Ihrem Land Nationalfeiertag? Was ist der Anlass und wie feiert man den Tag? Mögen Sie den Tag? Schreiben Sie.

~~Unser Nationalfeiertag ist am ...~~ Man feiert, dass ... Vor ... Jahren war ... Der Tag erinnert an ...
Es gibt Feste / Reden / ... Mir ist der Tag sehr wichtig / eher egal / ... Die Feiern sind ...

Unser Nationalfeiertag ist am

Lösungsschlüssel

01

1 **A** Als unsere Katze Minkie ... **C** Die Chefin hat mich sehr nett begrüßt und ... **D** Die Gesundheit ist nicht mehr so gut, ...

2 **b** Erlebnis **c** Kindheit **d** Gefühl **e** Geruch **f** Ärger

3 **b** Als **c** Wenn **d** als **e** als **f** als **g** wenn

4 **a** Cousine **b** Bruder **c** Vater

5 **richtig:** b, c, f **falsch:** d, e

6 **b** Ich mache eine Pause, wenn ich Kopfschmerzen habe. / Wenn ich Kopfschmerzen habe, mache ich eine Pause. **c** Eine neue Lebensphase beginnt, wenn meine Tochter in die Schule kommt. / Wenn meine Tochter in die Schule kommt, beginnt eine neue Lebensphase. **d** Ich kann dir nicht die Haare schneiden, wenn du dich nicht hinsetzt. / Wenn du dich nicht hinsetzt, kann ich dir nicht die Haare schneiden.

7 2c, 3a, 4e, 5b

8 **b** Ich habe auch viele Erinnerungen **c** Einmal wollte ich **d** Aber ich hatte Glück **e** Ich denke nicht gern

1 → die Entscheidung, das Vertrauen, der Zweifel
↓ das Geheimnis, der / die Bekannte, die Wahrheit

2 2b, 3d, 4a

3 **b** Beziehung **c** Freundeskreis **d** bewundert **e** Verbundenheit **f** gespürt **g** ergänzen sich **h** Entscheidungen **i** nehmen ernst

4 **b** der/die Alte, die Alten – ein Alter / eine Alte, Alte **c** der/die Kranke, die Kranken – ein Kranker / eine Kranke, Kranke **d** der/die Große, die Großen – ein Großer / eine Große, Große **f** der/die Freiwillige, die Freiwilligen – ein Freiwilliger / eine Freiwillige, Freiwillige **f** der/die Gute, die Guten – ein Guter / eine Gute, Gute

5 **b** den Alten **c** der Kranken **d** den Großen **e** Freiwillige **f** den Guten

6 **b** Das Wetter ist schlecht, daher nehme ich den / einen Regenschirm mit. **c** Klaus hat Hunger, deshalb geht er zu *BurgerLand*. **d** Alessias Schulzeit war schön, darum erinnert sie sich gern daran. **e** Ich kenne auf der Party niemanden / Ich kenne niemanden auf der Party, deswegen stelle ich mich vor.

7 **b** 2 **c** 1 **d** 2 **e** 2

9 **b** K **c** L **d** K **e** B **f** L **g** B **h** B **i** B

10 **richtig:** b, c, f, h **falsch:** d, e, g

1 **b** fleißig **c** geduldig **d** zuverlässig **e** aufmerksam **f** hilfsbereit **g** gründlich **h** teamfähig

2 **b** Selbstvertrauen **c** Tourismus **d** Zuhörerin **e** Neuigkeit **f** Zusammenhang **g** Stärke **h** Decke

3 **b** vereinbart **c** vertraut **d** ergänzt **e** umgehen **f** rechnen **g** gestoßen **h** drücke

4 **b** älterer, ältester **c** modernere, modernsten **d** gemütlichere, gemütlichste **e** gesündere, gesündeste **f** sauberen, saubereren **g** schlechterer, schlechteste

5 **c** jüng*erer* / jüng*ster* (Nominativ) **d** wichtig*sten* (Akkusativ) **e** Chaotisch*ere* (Akkusativ) **f** be*sten* (Dativ) **g** ordentlich*erer* (Nominativ) **h** lustig*sten* (Akkusativ) **i** cool*ere* (Akkusativ) **j** neue*sten* (Akkusativ)

6 *Musterlösung:* Ich finde den jüngeren / jüngsten Bruder am interessantesten. Tom schreibt leider nicht, wie alt sein Bruder ist, aber er ist wahrscheinlich noch ziemlich jung – vielleicht 12. Ich bewundere es, wenn Kinder oder Jugendliche richtig fleißig trainieren. Außerdem muss man im Basketball teamfähig sein. Ich spiele auch Bas-

ketball und würde Toms Bruder gern kennenlernen.

7 *Musterlösung:* Die lustigste Person in meiner Familie ist meine Nichte Cristina. Sie ist drei Jahre alt, hat lange schwarze Locken und verrückte Ideen. Wir haben sehr viel Spaß mit ihr. Weil ihr Papa aus Tschechien kommt und ihre Mama aus Spanien, mischt sie beide Sprachen. Sie sagt zum Beispiel, dass sie „jedno helado" möchte – ein Eis.

8 **b** J **c** J **d** A **e** B **f** J **g** A **h** J **i** B

9 **b** nicht / auf keinen Fall **c** sehr gut / richtig gut
d langweilig **e** arbeitet (im Umweltschutz) / möchte weiter (im Umweltschutz) arbeiten **f** essen (gehen)

E

1b, 2a, 3c, 4b, 5c, 6c, 7a, 8b

1 **b** bewegen **c** wiederholen **d** gewöhnen **e** anstrengen **f** Ausdauer **g** Gewohnheit **h** Vorsatz

2 **b** bewegen **c** Vorsatz **d** wiederholen **e** anstrengen **f** Ausdauer **g** Gewohnheit **h** gewöhnen

3 **b** Gehirn **c** Durchschnitt **d** Energie **e** Gemeinde **f** Bürgerin **g** Bürger **h** E-Bike **i** Aussage

4 **b** deshalb **c** deshalb **d** trotzdem **e** trotzdem **f** deshalb

5 **gleich: c** Sally – sie **d** Miro – er **f** Sumaya und Farzad – sie **g** ich – ich
nicht gleich: e du – ich **h** Wir – er

6 **c** Jeden Tag geht Sally joggen, um ihre Ausdauer zu trainieren. **d** Miro kauft eine Brille, um besser zu sehen.
f Sumaya und Farzad gehen in den Kurs, um Deutsch zu lernen. **g** Ich laufe schneller, um den Zug nicht zu verpassen.

7 1 – 3 – 5 – 7 – 2 – 4 – 6

8 **B** Frau Berner **C** Moderator **D** Frau Scholl **E** Frau Scholl, Philipp **F** Philipp

9 **richtig:** c, f, i **falsch:** d, g, j
keine Information: b, e, h, k

05

1 → die Fliege, die Mücke, das Krokodil, das Schwein
↓ der Löwe, die Ente, der Affe, der Goldfisch, der Hase, die Schildkröte

2 Waschküche → Dorfladen → Schlafsaal → Zeltplatz → Bibliothek → Werkstatt → Kantine → Gemeinschaftsküche → Versammlungsraum → Waschküche

3 2f die Straße**n**bahn, 3d das Toilette**n**papier, 4c die Blume**n**wiese, 5a das Reihe**n**haus, 6h die Abfahrt**s**zeit, 7b das Verkehr**s**mittel, 8e das Geburtstag**s**geschenk

4 **b** solltest, wärst **c** hätte **d** könnten **e** müsstet **f** könntet, würde **g** sollte

5 **b** Ratschlag **c** Wunsch **d** Vorschlag **e** Vorschlag **f** Vorschlag **g** Ratschlag

6 **b** Sie würde nach Wien umziehen, wenn sie dort einen Job hätte. **c** Ihr könntet abends Musik hören, wenn sie leise wäre. **d** Du hättest mehr Geld, wenn du weniger Kleidung kaufen würdest. **e** Du müsstest diese Ausstellung sehen, wenn du Kunst lieben würdest. **f** Ich würde arbeiten, wenn ich Lust hätte.

7 **b** geht gar nicht **c** auf gar keinen Fall **d** mich wäre das nichts **e** wäre genau das Richtige für uns

9 Der Text ist ein Info-Flyer.

10 **richtig:** b, c, e, g, i **falsch:** d, f, h

06

1 **b** wagen **c** sammeln **d** planen **e** verwirklichen **f** bekommen **g** eingehen

2 **b** das Gefängnis **c** die Wissenschaft **d** der Gedanke **e** die Verstärkung **f** die Tätigkeit **g** die Anforderung **h** die Vorschrift

3 **obwohl:** c, d, e, g **trotzdem:** b, f, h

4 2h, 3c, 4f, 5b, 6a, 7i, 8e, 9g

5 **b** Es ist schon spät, trotzdem arbeitet sie weiter. / Sie arbeitet weiter, obwohl es schon spät ist. **c** Es ist dort laut, trotzdem ziehe ich in die Hauptstadt. / Ich ziehe in die Hauptstadt, obwohl es dort laut ist. **d** Lykka liebt die Freiheit, trotzdem arbeitet sie gern fest angestellt. / Lykka arbeitet gern fest angestellt, obwohl sie die Freiheit liebt.

6 Sie beschreibt einen Beruf.

7 2 – 4 – 5 – 3 – 7 – 1 – 6

8 **b** Sprachwissenschaft **c** freiberuflich **d** toll **e** anstrengend **f** sie **g** Matyldas Freunde(skreis) **h** zwei

9 **b** ich bin mir nicht sicher, ob das klappt **c** Ich bezweifle, dass das eine gute Idee ist **d** Ich bin ziemlich sicher, dass es gelingen wird **e** er ist auch zuversichtlich / auch er ist zuversichtlich **f** Man muss auch sehen **g** Ich denke, dass es kaum möglich ist

E

1a C Sonila, A Arvo, B Pia

1b **richtig:** 3, 4 **falsch:** 5, 7
keine Information: 2, 6

2 *Individuelle Lösung*

MODUL 3

1 **b** die Unterkunft **c** die Erholung **d** das Souvenir **e** die Übernachtung **f** das Abenteuer **g** der Tourist **h** die Reisebegleitung

2 a2, b1, c2

3 **a** neu*em* **b** Wunderbar*e* **c** Neu*en*, gebraucht*e*, alt*es* **d** toll*e* **e** Groß*e*, klein*em* **f** gut*es*, beruflich*en* **g** fleißig*e* **h** Bunt*es*, neu*e* **i** gebraucht*es*, stark*em*

4 **b** Es könnte nicht schöner sein! **c** nur gute Erfahrungen gemacht. **d** Besonders gefällt mir, dass **e** fand ich ziemlich enttäuschend. **f** Ich habe bemerkt, dass **g** Ich habe mich dort sehr wohlgefühlt.

5 *Musterlösung:* **b** Es könnte nicht schöner sein! **c** Ich habe eigentlich nur gute Erfahrungen gemacht. **d** Besonders gefällt mir, dass es keine langen Diskussionen gibt. **e** Die Reise fand ich ziemlich enttäuschend. **f** Ich habe bemerkt, dass man viel nettere Leute kennenlernt, wenn man allein unterwegs ist. **g** Ich habe mich dort sehr wohlgefühlt.

6 *Individuelle Lösung*

7 **B** Chinesisches Teehaus Yu Garden **C** Michel **D** Speicherstadt **E** Elbphilharmonie **F** Fischmarkt

8 **b** Reisetipps **c** Nordsee **d** an einem Fluss **e** Hamburg **f** U-Bahn-Station **g** aus Shanghai

1 **b** Rede **c** Gesetze **d** unterbrochen **e** tötet **f** Gesellschaft **g** Politik **h** aufgefordert

2 2f, 3a, 4c, 5b, 6g, 7d

3 **b** Bewerbungen schreiben zu müssen **c** das Geschirr sauber zu machen **d** Lust, das zu machen **e** jeden Tag Nudeln zu essen **f** Salat einzukaufen **g** nach Hause zu kommen

4 b, d, e, g, h, k, l, m

5 **c** eine neue Wohnung zu mieten **d** ob sie den Job bekommt **e** seine Hausaufgaben zu machen **f** dass du das Konzert doof findest/fandst **g** die Heizung auszumachen

6 b2, c1, d2

7 B, E, F

8 c, d, f

1 **1** Vorlesung **3** Semester **4** Zertifikat **5** Studiengebühr **6** Fach **7** Prüfung **Lösung:** Seminar

2 **1** ◆ Vorlesung **3** ◆ Semester **4** ◆ Zertifikat **5** ◆ Studiengebühr **6** ◆ Fach **7** ◆ Prüfung

3 **b** Aufenthalt **c** Herausforderung **d** Verständnisprobleme **e** Schwierigkeiten **f** Fortschritt **g** Unterrichtsstil

4 **richtig:** c, e **falsch:** b, d, f

5 2f, 3a, 4g, 5d, 6b, 7e

6 **b** die – trotz der schwierigen Prüfung **c** das – trotz des intensiven Lernens **d** die – trotz der schriftlichen Bestätigung **e** der – wegen des ungewohnten Dialekts **f** der – wegen des großen Fortschritts **g** das – wegen des neuen Semesters **h** die – trotz der großen Herausforderung

7 **b** obwohl **c** weil **d** Wegen **e** Obwohl **f** trotz **g** wegen **h** weil **i** obwohl **j** trotz

8 b

9 **b** die Professorin **c** Nina **d** Frankreich **e** Ninas Bruder **f** bekannt **g** verzweifelt **h** Deutschland

10 **das kann er schreiben:** Besten Dank im Voraus.; Ich würde gern im Sommer beginnen. Wäre das möglich?; Deshalb möchte ich meine Masterarbeit bei Ihnen schreiben.; Außerdem möchte ich Sie fragen, ob ...; Es tut mir leid, dass ich Ihnen so spontan schreibe.; Sehr geehrte Frau Prof. Steenweiler-Schick, **das sollte er nicht schreiben:** Ich will total gern meinen Master bei Ihnen machen.; Bis bald!; Hallo Frau Steenweiler-Schick!; Viele Grüße

E

a **richtig:** 2, 3, 6 **falsch:** 4, 5

b *Individuelle Lösung*

1 **die:** Kündigung, Verantwortung, Mitbestimmung, Berufserfahrung, Weiterbildung, Kritik **das:** Feedback

2 **b** suchen **c** sammeln **d** besuchen **e** machen **f** haben **g** sein

3 2f, 3b, 4e, 5c, 6a, 7g, 8d

4 **bis:** c, e, h, i **seit:** b, d, f, g

5 **bevor:** b, c, e, h **während:** d, f, g, i

6 **b** seit ich die neue Kaffeemaschine habe **c** bis ich im Arbeitszimmer bin **d** bevor ich mit der Arbeit beginne

7 **a** das Thema der Statistik lautet **b** die wenigsten **c** auf Platz 2 **d** über ein Drittel **f** die meisten

8 **b** M **c** M **d** S **e** M **f** S

9 **richtig:** c, e **falsch:** b, d

10 **b** Verein **c** Vorschrift **d** Kleid **e** Arbeitskleidung **f** Rente **g** freiberuflich

11

1 **b** glatt **c** spitz **d** zerbrechlich **e** weich **f** rund **g** stabil **h** dick

2 **in der Küche:** Geschirr verschmutzen, Lebensmittel verbrauchen
am Computer: Dateien speichern, Newsletter abonnieren
in einer Werkstatt: Geräte herstellen, Plastik recyclen

3 **b** Verbraucher:innen **c** umweltfreundlichen Strom **d** den Vertrag **e** Rabatt **f** E-Mail

4 **b** M **c** B **d** B **e** M **f** H

5 *Individuelle Lösung*

6 **d** Nominativ **e** Akkusativ **f** Dativ **g** Akkusativ **h** Dativ **i** Nominativ **j** Akkusativ **k** Nominativ **l** Dativ

7 **a** dem **b** der, der **c** das, dem **d** die, die

8 **b** den ich schnell langweilig fand. **c** ohne die ich keinen einzigen Tag verbringen wollte. **d** mit dem ich sieben Jahre verheiratet war. **e** der ich vertraut habe. **f** durch den ich meinen zweiten Mann kennengelernt habe.

9 **b** das Tolle daran ist **c** Sie sind weich und glatt **d** sie eignen sich auch für die Wohnung / auch für die Wohnung eignen sie sich **e** sind also besonders interessant für alle Eltern / sind also für alle Eltern besonders interessant **f** die ich allen Eltern empfehlen kann

12

1 2d, 3a/g, 4b, 5e, 6a/g, 7f

2 **c** Hühnchen **g** Karotten **h** Zwiebeln **j** Mehl **k** Joghurt **p** Bohnen

3 **c** Hühnchen **e** Eis **g** Karotten **h** Zwiebeln **i** Milch **j** Mehl **k** Joghurt **l** Bananen **p** Bohnen

4 **b** Grillen **c** Backen **d** Mixen **e** Reiben **f** Aufwärmen

5 **b** Es sind schon so viele Tische besetzt, dass sie sich zu jemandem dazusetzt. **c** Das Essen sieht toll aus, sodass Manja es fotografieren möchte. **d** Es hat so gut geschmeckt, dass sie noch einen Nachtisch bestellt. **e** Der Nachtisch sieht künstlich aus, sodass Manja keinen Appetit mehr hat. **f** Sie ist so enttäuscht von dem Restaurant, dass sie nicht mehr hingehen möchte.

6 b, c, e

7 **b** Das Messer ist so scharf, dass man sich damit in die Finger schneiden kann. / Das Messer ist scharf, sodass man sich damit in die Finger schneiden kann. **c** Ich mag Joghurt so gern, dass in meinem Kühlschrank immer zehn Becher stehen. / Ich mag Joghurt gern, sodass in meinem Kühlschrank immer zehn Becher stehen. **d** Morgen bekomme ich Gäste, sodass ich noch viel vorbereiten muss.

8 5 – 2 – 7 – 6 – 9 – 4 – 1 – 8 – 3

9 c, e, h

E

1a **Text oben:** Foto 3 **Text Mitte:** Foto 1 **Text unten:** Foto 2

1b **richtig:** 2, 4 **falsch:** 6 **keine Information:** 3, 5

2 *Individuelle Lösung*

13

1 → wild, faul, nützlich, lebenslang
↓ frech, jahrelang, dumm

2 **a** nähern **b** Hirsch, Entfernung **c** Ziegen, füttern **d** Delfine **e** Eulen, Nest, Nachwuchs

3 **b** will sie bei *TunaLog* weiterarbeiten **c** sie fängt auch draußen / draußen auch Mäuse **d** Tiger mal in freier Natur sehen

4 **a** noch, sowohl, als auch **b** weder, noch, nicht nur, sondern auch **c** Sowohl, als auch, nicht nur, sondern auch, Weder, noch

5 **b** werden maximal fünf Jahre alt **c** haben große Augen **d** haben acht Arme und neun Gehirne **e** können ihre Farbe und ihr Muster wechseln **f** haben gegen Feinde schwarze Farbe **g** Kann ich kurz nachfragen **h** Kannst du genauer erklären, warum sie das machen? **i** Vielen Dank, das war wirklich eine spannende Präsentation. **j** Ich habe so viel Neues erfahren. **k** Ich fand besonders interessant, dass Tintenfische neun Gehirne haben.

6 um das Verhältnis zu einem Tier

7 **b** einiger Zeit **c** abends **d** weibliche **e** am Tag **f** kaputt **g** (Die) Schlangen sind **h** im Zoo **i** Die Angestellten

14

1 **B** Stellenanzeige **C** Anschreiben **D** Absagen **E** Probezeit **F** Unterlagen **G** Vorstellungsgespräch **H** Lebenslauf **I** Zusage

2 2d, 3g, 4a, 5c, 6b, 7h, 8f

3 **b** ich bin überzeugt **c** bei mehreren Praktika Erfahrung sammeln **d** möchte ich gern meine Kenntnisse **e** Fähigkeiten weiterentwickeln **f** Sind Sie offen **g** Es macht mir große Freude **h** In meiner Freizeit beschäftige ich mich

4 **b** für 'nen **c** woll'n **d** Soll'n **e** anseh'n

5 **was:** c, d, g **wo:** b, e, f

6 **b** Nichts, was, fehlt **c** am, wo, mit **d** wo, aber **e** alles, was **f** was, nicht **g** wo, das

7 7 – 4 – 3 – 8 – 9 – 1 – 6 – 10 – 5 – 2

8 b, c, e

1 **b** Liebesbeziehung **c** Intelligenz **d** Titel **e** Entwicklung **f** Krise

2 **b** Krieg **c** beeindruckt **d** weinen **e** umarmt **f** bemüht sich **g** verliebt **h** glücklich machen **i** flirten **j** küssen **k** Organisation **l** Darstellern

3 **b** Ich lasse meine Mitbewohner für mich einkaufen. **c** Ich lasse meine Fenster von einer Firma putzen. **d** Wenn wir verreisen, lassen wir das Hotel von einem Reisebüro buchen. **e** Mein Freund lässt sich das Essen von einem Lieferservice bringen.

4 **b** Sein Coach gibt ihm (am nächsten Tag) Tipps. / Am nächsten Tag gibt ihm sein Coach Tipps. **c** Danach schreibt eine Künstliche Intelligenz das Anschreiben. / Eine Künstliche Intelligenz schreibt (danach) das Anschreiben. **d** Sein bester Freund verbessert das Anschreiben. **e** Sein Sohn lädt (am Ende) die fertige Bewerbung auf die Firmenwebseite hoch. / Am Ende lädt sein Sohn die fertige Bewerbung auf die Firmenwebseite hoch. **f** Die Personalabteilung schickt eine Absage.

5 Dann bist du bei uns genau richtig! – Deshalb sind wir besonders: – Bist du bereit?

6 **b** finden **c** Tests **d** Profile **e** entspannt **f** Probe-Abo

7 **a** Mariana **b** Antony **c** Mariana **d** Zaida + Lorenz **e** Antony **f** Lorenz **g** Lorenz

8 *Individuelle Lösung*

9 d, f

E

1a **2** Katzen **3** Katzen, Hunde **4** Haustiere / ein Haustier **5** Hundebesitzern

1b 3, 4

2 *Individuelle Lösung*

1 2a, 3f, 4b, 5d, 6c

2 Überweisung → Kredit → Schalter → Münzen → Bargeld → Girokonto → Geldautomat → Zinsen → Kreditkarte → Überweisung

3 **b** beschädigt **c** Versicherung **d** Vermieter **e** Kaffeeküche **f** Absicht **g** erkundigt **h** Gebiet **i** Beratung **j** Hinweis **k** dankbar

4 b

5 *Musterlösung:* Bei uns ist das auch mal passiert. Der Schaden war schrecklich, die ganze Küche war zerstört. Wir haben den Schaden aber leider selbst verursacht: Unsere Waschmaschine war kaputt. Der Anwalt, den Annika empfiehlt, hat uns damals sehr geholfen. Mein Tipp für Euch: Ruft ihn gleich morgen an. Alles Gute!

6 **b** Je – desto **c** entweder – oder **d** zwar – aber **e** Je – umso **f** zwar – aber **g** entweder – oder **h** Je – desto

7 **b** Je mehr du lernst, desto leichter bekommst du später einen Job. **c** Du kannst zwar den ganzen Tag auf Social Media verbringen, aber dann hast du später schlechte Chancen. **d** Je länger das so weitergeht, desto sicherer bekommst du eine Fünf.

8 **b** Möglichkeiten **c** entweder **d** zwar **e** aber **f** Soviel **g** erkundigen **h** weiterkommst **i** melden

10 **im Rucksack:** die Geldbörse, die Sonnenbrille, das Deutschbuch, der Kugelschreiber **in der Geldbörse:** der Studierendenausweis, die Münzen, die Scheine, die Girocard **zu Hause:** der Pass, das Visum, die Gesundheitskarte

11 **richtig:** b, d, e **falsch:** c, f

1 **2** Zeichnung **3** Malerin **4** Künstler **5** Fotografie **6** Gemälde **7** Grafitti **8** Grafik **Lösung:** Kunstwerk

2 **2** ♦ Zeichnung **3** ♦ Malerin **4** ♦ Künstler **5** ♦ Fotografie **6** ♦ Gemälde **7** ♦ Grafitti **8** ♦ Grafik

3 **b** fantasievollen **c** legal **d** -verwaltung **e** Anwalt **f** Öffentlichkeit **g** farbig **h** gelungen

4 **b** vegetarisch **c** Publikum

5 **b** Missmanagement **c** misslingen **d** Missverhältnis

6 **b** Indem **c** sodass **d** indem **e** sodass **f** indem

7 2a, 3d, 4g, 5c, 6h, 7b, 8i, 9f

8 **Gemälde von Luzio Mint**
Smilla: berührend, extrem gut **Leo:** nichts Neues, gewöhnlich, enttäuschend

Gemälde von Interfox
Smilla: hässlich, unmöglich **Leo:** sehr cool, verrückt, ungewöhnlich

9 4 – 1 – 3

10 **b** politisch **c** Berliner Mauer **d** Park **e** Friedrichshain **f** Führung

18

1 **b** Operationssaal **c** Verletzung **d** Schmerzmittel **e** Patient **f** Notärztin **g** Krankenwagen **h** Untersuchung

2 c, d, f, h, j

3 **b** zusammenfassen **c** begleiten **d** medizinisch

4 **b** impfen **c** gelitten **d** behandelt **e** versorgen

5 **b** fragte **c** wollte **d** habe **e** ist **f** ist **g** kam **h** hatte **i** bin **j** war **k** war **l** hatte **m** haben

6 2e, 3f ,4a, 5c, 6b

7 **b** Nachdem ich aufgestanden war, habe ich geduscht und gefrühstückt. **c** Nachdem ich gefrühstückt hatte, habe ich den Computer eingeschaltet. **d** Nachdem ich ein paar E-Mails gelesen hatte, habe ich mit meiner Schwester gechattet.

8 A, C

9 b3, c3, d2, e1, f3

10 **b** Ich habe erfahren **c** Ich wusste schon **d** Aber neu war für mich **e** Zusammenfassend kann man sagen

E

1a 3 – 1 – 2

1b **2** auch **3** mieten **4** Hochschule / Universität **5** alle (Menschen) **6** Unternehmen

2 *Individuelle Lösung*

MODUL 7

19

1 **b** Asyl **c** Frist **d** Bescheid **e** Antrag **f** Behörde **g** Dokument

2 **b** Studium **c** Theorie **d** Arbeitserlaubnis **e** Lehre **f** Berufsschule

3 **b** Fischerei **c** Glaserei **d** Gärtnerei

4 **b** nächtlich **c** abendlich **d** gedanklich **e** regnerisch

5 **b** ist mir geraten worden **c** wird **d** wurde **e** werden **f** wurde

6 **b** ist es in der Bank abgehoben worden **c** ist nur mit Bargeld bezahlt worden **d** ist es nur beim Metzger gekauft worden

7 3 – 6 – 5 – 8 – 1 – 4 – 9 – 2 – 7 – 10

8 das Leben von Tiagos Großvater

9 **b** Er hat Arbeit gesucht und wollte nicht Fischer werden. **c** Weil sie einfache Tätigkeiten machen sollten. / Sie sollten einfache Tätigkeiten machen. **d** Er hat das Meer vermisst. **e** Sie hat in einem Café gearbeitet.

1 2f, 3b, 4e, 5a und 5g, 6c

2 **b** verwechseln **c** wacht man auf **d** verschlechtern **e** korrigieren **f** warne **g** beeinflussen

3 **b** zu kaufen **c** mitnehmen **d** abzuheben

4 **b** Ich brauche den Chef nur von dem Projekt zu überzeugen. **c** Du brauchst nur das Kapitel zu wiederholen **d** Du brauchst keine neue Ausbildung zu machen. **e** Mein Mann braucht sich am Wochenende nicht schick anzuziehen. **f** Wir brauchen keine Miete zu zahlen

5 **b** ohne mich zu rasieren **c** ohne andere Mäntel anzugucken **d** ohne meine Freundin zu sehen **e** ohne nach dem Preis zu fragen **f** ohne den Fernseher auszumachen

6 **b** Statt unsere Smartphones zu checken **c** statt auf einem Bürostuhl zu sitzen **d** statt Essen zu bestellen **e** anstatt zu schimpfen

7 **b** Dienstag **c** Büro **d** zwei Filme **e** einer Zimmerei **f** einer Kollegin **g** lacht

8 **b** Auf den ersten Blick erscheint mir das schon möglich **c** Tatsache ist, dass **d** Da stimme ich zu **e** das kommt mir / mir kommt das ein bisschen komisch vor **f** Das ist zwar richtig **g** Da wäre ich immer vorsichtig **h** Ich würde diese Nachricht lieber mal überprüfen

9 Ich habe zu dem Thema recherchiert. Die Aussage stimmt nicht, das Gegenteil ist richtig. Auf den Internetseiten von vielen Zeitungen steht, dass es mehr Matheunterricht geben soll. Es gibt dazu auch Stimmen von Politikerinnen und Politikern.
Ich habe auch herausgefunden, was der Grund ist: Deutsche Schülerinnen und Schüler sind in Mathematik schlechter geworden. Das hat mich (nicht) überrascht, weil ich dachte, das ... [*individuelle Lösung*]

21

1 **b** Englisch, Latein **c** eine Stunde **d** Montag, 5. **e** Mittwoch, 3. **f** Biologie, Chemie, Geschichte, Philosophie

2 **b** Präsentation **c** Zerstörung **d** mittlerweile **e** Ausstattung **f** Diktat **g** vermutlich **h** Aufsatz **i** konservativ **j** Jugendliche **k** Klassenfahrt

3 **b** Das muss wahrscheinlich so gemacht werden **c** könnten im Unterricht die Hausaufgaben erledigt werden / könnten die Hausaufgaben im Unterricht erledigt werden **d** die dürfen bunt angemalt werden

4 **b** Die Hausaufgaben müssen immer gemacht werden. **c** In der Pause kann mit dem Handy gespielt werden. **d** Unser Klassenzimmer soll neu dekoriert werden.

5 Schule in der Deutschen Demokratischen Republik

6 **richtig:** b, d, f **falsch:** c, e, g

7 2c, 3a, 4f, 5d, 6b

8 **B** 1 **C** 2 **Ben** 2

E

a **2** Holz **3** Abschlussprüfung **4** Ausbildungen / Berufe **5** kann (eigentlich)

b *Musterlösung:* **2** Musik und handwerkliche Arbeit. **3** Er ist nett und geduldig. **4** Sie sind unzufrieden und wollen alles sofort haben.

22

1 **1** Gericht **2** Bundeskanzlerin **3** Regierung **4** Minister **6** Abgeordnete **7** Wahl
Lösung: Bundestag

2 **b** entwickeln **c** erschießen **d** führen **e** auswählen **f** einsetzen **g** sich leisten

3 **b** Einfluss **c** Wahlkampf **d** Sitz **e** Kompromisse **f** Ministerinnen und Minister

4 **Mats:** d, f **Rima:** b, c, e

5 **b** als ob das etwas Neues wäre **c** Als ob wir keine anderen Probleme hätten **d** als ob alle Menschen Fahrrad fahren würden

6 **b** sieht so aus, als ob das Konzert stattfinden könnte. **c** tut so, als ob Umweltschutz schlecht wäre. **d** wirkt nicht so, als ob der Kanzler noch Hoffnung hätte.

7 Was ist der Wahl-O-Mat®?
Wie funktioniert der Wahl-O-Mat®?
Wer macht den Wahl-O-Mat®?

8 **b** mehrere **c** anders / verschieden / neu **d** schreibt ein Redaktionsteam **e** junge Menschen **f** 80 bis 100

23

1 **B** Denkmal **C** Krieg **D** Frieden **E** Mauer **F** Grenze **G** Zone **H** Bundesland **I** Freiheit

2 **b** Das ist keine schlechte Idee **c** Worauf hättest du Lust **d** Ich habe gehört, dass **e** Es gibt viele Seen und Wälder **f** Das klingt gut, Vejas! Meinetwegen können **g** dann sind wir uns ja einig **h** bestimmt kann man dort gut campen **i** Das wird bestimmt eine tolle Reise

4 b, c, e, f, i, j, k, l

5 **b** V **c** V **d** – **e** L **f** V **g** – **h** – **i** V **j** L **k** L **l** V

6 **richtig:** c, f, g **falsch:** b, d, e, h

7 **b** hätte, wäre **c** war, hätte **d** hätte, wäre **e** hätte, war **f** wäre, hätte

8 **b** Wenn ich keine Kompromisse gemacht hätte, wäre ich nicht Minister geworden. **c** Wenn ich so ein schwieriger Mensch gewesen wäre wie mein Opa, hätte ich nicht so eine wunderbare Frau gefunden. **d** Wenn ich meine Geldbörse verloren hätte, hätte niemand sie gefunden und abgegeben. / hätte sie niemand gefunden und abgegeben.

9 2c, 3d, 4a

10 **b** erholen **c** betreten **d** streikt **e** zerstören **f** dienen

11 *Individuelle Lösung*

24

1 **A** Druck **B** Langeweile **C** Gelassenheit **D** Ablenkung **E** Eile **F** Geduld
Lösung: der Werktag

2 **b** gehetzt **c** verspätet **d** vergangen **e** gelangweilt **f** ereignet **g** ablenken **h** uns amüsert **i** erholt

3 2f, 3a, 4e, 5b, 6c

4 **b** Quatsch **c** Verschwendung **d** Erfindung **e** Unterschrift **f** Gerechtigkeit **g** Gutschein

5 ◻ Nein, Rick, das halte ich für eher unwahrscheinlich. Du bist schließlich seit acht Jahren in der Firma.
○ Das stimmt. Aber ich schätze, dass ich mir bald etwas Neues suchen muss.
◻ Ja. Dazu gibt es meiner Meinung nach keine Alternative. Die Arbeit macht dir ja auch keinen Spaß mehr.
○ Ab morgen werde ich Stellenanzeigen lesen, das verspreche ich dir, Anna.
◻ Das musst du mir nicht versprechen, Rick! Aber du solltest es dir fest vornehmen.

6 **b** Wirst du ... kommen? **c** Sie wird ... schlafen. **d** Wir werden ... fahren.

7 **Vermutung/Vorhersage:** c, d, g
Vorsatz/Versprechen: e, f

8 **gut:** Xiaomeng **gut und schlecht:** Yaron **sehr schlecht:** Manfred

9 **b** 2, 3 **c** 1 ,4

E

1 **2** Österreich **3** Deutschland, Schweiz **4** Schweiz **5** Österreich, Schweiz **6** Deutschland

2 *Individuelle Lösung*

Cover © Getty Images/iStock/Ridofranz

S. 5: Kreuz © Getty Images/iStock/Tinieder; Berge © Thinkstock/iStock/Natan Bolckmans; Meerjungfrau © Getty Images/E+/Imgorthand
S. 6: Paar © Getty Images/iStock/LordHenriVoton
S. 7: Mann © Getty Images/E+/ljubaphoto
S. 9: Paar © Getty Images/iStock/vorDa
S. 11: Junge © Getty Images/E+/Ida Jarosova
S. 12: Paar © Getty Images/iStock/Fizkes
S. 13: Taube © iStock/Lepro; Stephansdom © Digitalpress – stock.adobe.com; Ulmer Münster © Getty Images/iStock/saiko3p; Grossmünster Zürich © iStock/AleksandarGeorgiev
S. 15: Studenten © Gorodenkoff – stock.adobe.com
S. 16: A © Getty Images Plus/iStock/PPAMPicture; B © Getty Images/iStock/AlexRaths; C © Getty Images/iStock/Motortion; D © Shutterstock.com/fiphoto; E © Getty Images/E+/bojanstory; F © Getty Images/iStock/Worawee Meepian; Reporter © Getty Images/DigitalVision/PeopleImages
S. 17: Bücherei © Getty Images/iStock/diignat; Werkstatt © astrosystem – stock.adobe.com; Zimmer Jugendherberge © radiokafka – stock.adobe.com; Buffet © Getty Images/E+/FG Trade; Zelte © Ryolemon – stock.adobe.com; Küche © Volodymyr Shevchuk – stock.adobe.com; Waschmaschinen © Hero Images – stock.adobe.com; Stuhlkreis © Getty Images/iStock/Rawpixel; Supermarkt © Westend61 – stock.adobe.com
S. 19: Ingeborg © Getty Images/E+/shapecharge; Ludwig © Thinkstock/iStock/NADOFOTOS
S. 20: a © Getty Images/iStock/Color_life; b © Getty Images/iStock/Mykyta Dolmatov; c © Getty Images/iStock/SpicyTruffel; d © Getty Images/iStock/BRO Vector; e © Getty Images/iStock/aseq; f © Getty Images/iStock/Yuliya Pushchenko; g © Getty Images/iStock/Abscent84
S. 21: Podcast © Getty Images/E+/Milan_Jovic
S. 22: Paar © Getty Images/E+/Zmaster
S. 23: A © Getty Images/iStock/PeopleImages; B © Getty Images/iStock/Olga Nikiforova; C © Getty Images/iStock/Alter_photo; Illustration Mann © Getty Images/iStock/robuart
S. 24: Hund © Thinkstock/iStock/Ryhor Bruyeu (Grisha Bruev); Frau © iStock/MachineHeadz
S. 26: A © Getty Images/iStock/Boarding1Now – Hamburg, Deutschland – April 21, 2021: U-Bahn Station Hafencity Universität; B © Biker - stock.adobe.com; C © fotolia/johas; D © Getty Images/Westend61; E © mstein – stock.adobe.com; F © NEWS&ART - stock.adobe.com; Paar © Getty Images/E+/vorDa
S. 27: Emma © BananaStock; Vitek © Getty Images Plus/iStock/Caiaimage/Chris Ryan; Thomas © iStockphoto/SteveLuker
S. 29: A © Getty Images/iStock/ronstik; B © Getty Images/iStock/gilmourbto2001; C © Getty Images/E+/GoodLifeStudio; D © Getty Images/E+/vm; E © Getty Images/iStock/LightFieldStudios; F © Shutterstock.com/asife; Mutter und Sohn © Thinkstock/iStock/Mark Bowden
S. 30: Julius © Getty Images/E+/SolStock
S. 32: Pierre © Getty Images/iStock/Khosrork
S. 33: Wallraff © Getty Images/iStock/maratr; Zugvögel © TICO Prodotti – Foto - stock.adobe.com
S. 34: Ärztin © Getty Images/E+/urbazon
S. 36: Cello © artemfurman/123rf.com; Fußball © Getty Images/E+/Dmytro Aksonov
S. 37: Chipkarte © fotolia/zitze
S. 38: Paar © Getty Images/iStock/jacoblund; Fußball © Getty Images/iStock/Golfcuk; Seife © Getty Images/iStock/esolla; Schuhe © Thinkstock/iStock/tarasov_vl; Messer © iStock/fpm
S. 39: Paar © Getty Images/E+/PeopleImages; Flavia © fotolia/lu-photo
S. 40: Schnitzel © Getty Images/iStock/juefraphoto; Karopapier © Micha Klootwijk/123rf.com
s. 41: Supermarkt © Getty Images/iStock/zoranm
S. 42: Alicia © fotolia/andreaxt
S. 43: 1 © Getty Images/iStock/Aleksandra Aleshchenko; 2 © iStockphoto/kcline; 3 © Getty Images/iStock/IURII BUKHTA
S. 44: Tiger © MEV; Hirsch © Thinkstock/iStock/dmodlin01; Ziege © Getty Images/iStock/Fabian Plock; Delfin © Getty Images/E+/kristian sekulic; Eule © fotolia/Eric Gevaert
S. 45: Collage Personen © Getty Images/E+/FatCamera | Krake © PantherMedia/Reinhard Bruckner
S. 46: Fuchs © Getty Images/iStock/Peter Clayton Photography; Mader © Getty Images/iStock/EzumeImages; Schlange © Thinkstock/Photos.com/Jupiterimages; Penelope © Getty Images/E+/Tempura; Max © Getty Images/iStock/simonapilolla; Nikolay © Thinkstock/iStock
S. 48: Mann © Shutterstock.com/Foxy burrow
S. 49: Strand © Thinkstock/iStock; Frau © Getty Images/iStock/fizkes
S. 50: Ärztin © Getty Images/E+/LaylaBird
S. 52: Mandy © Getty Images/E+/hoozone
S. 53: Tiere © Getty Images/iStock/GlobalP
S. 54: Paragraph © Getty Images/iStock/Rocco-Herrmann
S. 55: Vater und Tochter © shutterstock.com/Dmytro Zinkevych
S. 56: Mann © Getty Images/E+/elenaleonova
S. 57: 1 © Thinkstock/iStock/Gilmanshin; 2 © Shutterstock.com/Ezz Mika Elya; 3 © ABCreative – stock.adobe.com; 4 © Thinkstock/iStock/diego_cervo; 5 © Getty Images/iStock/monkeybusinessimages; 6 © Getty Images/iStock/Nongkran_ch; 7 © fotolia/Visual Concepts; 8 © Getty Images/iStock/Normform
S. 58: Mann © Getty Images/E+/lev dolgachov; Gruppe © Getty Images/E+/AzmanJaka

S. 59: East Side Gallery © marog-pixcells – stock.adobe.com – Graffiti East Side Gallery am 17. April 2013 in Berlin, Deutschland; RAW-Gelände © Getty Images/iStock Editorial/Jeremy Knowles – Berlin, Deutschland – 08.10.2020: Graffiti and Street Art auf einem Gebäude in Friedrichshain.
S. 61: A © Getty Images/iStock/Caiaimage/Sam Edwards; B © Getty Images/E+/vm; C © fotolia/VRD; D © Getty Images/iStock/M-Production
S. 62: Gruppe © jotily – stock.adobe.com
S. 63: 1 © Getty Images/iStock/millann; 2 © Thinkstock/iStock/cyano66; 3 © fotolia/Stephan Karg
S. 64: Mann © Getty Images/E+/PeopleImages; Frau © Getty Images/iStock/fizkes
S. 65: Kollegen © Flamingo Images – stock.adobe.com
S. 66: Stadt © Getty Images/iStock/; Paar © Getty Images/iStock/Lisa-Blue; Fußball © Getty Images/iStock/bergserg
S. 67: Moderatorin © Getty Images/iStock/kjekol
S. 68: Mann © Thinkstock/iStockphoto; Frau © Getty Images/iStock/miriam-doerr
S. 69: Paar © Getty Images/iStock/fizkes
S. 70: Icons © Getty Images/iStock/GreenTana
S. 71: Hefte © graja – stock.adobe.com; Avatar © Getty Images/iStock/alla_sensar; Rahmen © Getty Images/iStock/OLiAN
S. 73: Leon © Getty Images/iStock/İsmail Çiydem; Orgel © Getty Images/iStock/Mikhail Sedov
S. 74: 5 © cbies – stock.adobe.com – die politischen Parteien Deutschlands
S. 75: Yusra Mardini © WENN Rights Ltd/Alamy Stock Foto – Yusra Mardini als Gast bei der NDR Talkshow am 30. November 2018 in Hamburg, Deutschland.
S. 76: Wahlzettel © PantherMedia/Andreas Weber
S. 78: Paar © Getty Images/E+/mixetto
S. 79: Mann © Getty Images/Retrofile RF/George Marks
S. 80: Grafik Uhren © Getty Images/iStock/Ja_inter
S. 81: Paar © Getty Images/iStock/Carlos Pintau
S. 82: Yaron © Thinkstock/Wavebreakmedia Ltd.; Xiaomeng Produktionsfoto: Florian Bachmeier, Schliersee; Manfred © nullplus/123rf.com
S. 83: Berliner Mauer © studio v-zwoelf – stock.adobe.com; Militärparade © picture-alliance/APA/picturedesk.com|FOLRIAN WIESER – Soldaten des Gardebataillons am Donnerstag, 26. Oktober 2023, anl. der Angelobung von Rekrutinnen und Rekruten im Rahmen des Nationalfeiertags am Heldenplatz in Wien.; Gebäck © Alina – stock.adobe.com

Illustrationen: Michael Mantel, Barum
Bildredaktion: Natascha Apelt, Hueber Verlag, München

Inhalt des MP3-Downloads zum Buch:

Sprecherinnen und Sprecher:
Kevin Iannotta, Fabian von Klitzing, Dascha von Waberer, Lara Wurmer, ElevenLabs (KI-generiert)

Produktion:
Atrium Studio Medienproduktion GmbH, München, Deutschland